「税関の税務調査」と消費税の更正の請求

税理士
八ッ尾 順一 監修

税理士
杉澤 雄一 著

清文社

はじめに

　本書は、「税関の税務調査」と「消費税の更正の請求」をテーマにした本です。

　税理士業に身を置いていると税務署の税務調査は自然と経験するものですが、税関の税務調査については、あまりよく知らなかったり聞いたことがあるという程度の知識ではないでしょうか。

　他ならぬ筆者もそのひとりでした。

　本書の始まりは、以前、筆者が貿易業を営むクライアントから「先日、税関から税務調査を受けて追徴税額をお支払いしました。どうすれば良いですか？」という相談を受けた経験にあります。

　当時は、税理士試験の受験専門学校で習った知識を基に消費税の更正の請求をするように助言を行い、手続きを進めましたが、参考となる専門書も見当たらず初めて経験する事例ということもあり、先輩諸氏にアドバイスを受けながら何とか期限内に完了することができました。

　結果的に、その案件は無事に解決できたものの「税関の税務調査って何なんだろう？」という疑問や「更正の請求の手続きって大変だったなぁ」という記憶が残り続けました。

　それから、数年後、恩師の八ッ尾順一先生や親交のあった清文社の編集者からの勧めもあり、もし、あの時にこんな本があればという思いから本書を執筆することとなりました。

　本書は、３部からの構成となっています。

　一読することで、税関の税務調査の内容や修正申告等の手続きについて理解ができるようになり、その後、税務署へ行う消費税の更正の請求についても実務的な知識が身に付くものと思われます。

　１章では、税関の税務調査への導入部分として輸入取引の流れと消

費税や関税の知識について記述を行っています。初めて学習する方にも分かりやすいように図解を多用し、専門用語の解説にも努めています。

　2章では、税関の税務調査について、税関の組織や沿革、調査の準備段階から終了までの流れを中心に解説を行っています。ここを読めば一般的な調査の知識が十分に取得できるものと思われます。また、事前通知など重要な参考資料についても掲載しています。

　3章では、消費税の更正の請求について記述を行っています。更正の請求は、税関の税務調査後に税理士が行う手続きであり、いつまでにどんな書類を提出すればスムーズに還付を受けることができるのか具体的な事例と申告書の記載例を基に解説を行っています。

　本書が、かつての筆者と同じように「税関の税務調査」や「消費税の更正の請求」の手続きについてお困りの読者の一助となり問題解決のお役に立てば幸いです。

　また、本書の出版については、清文社の小泉定裕社長をはじめ、編集部の方々に大変お世話になりました。ここに厚くお礼を申し上げます。

　最後に、八ッ尾順一先生のご監修を受けることなくしては、本書はできていなかったものと思われます。当初の企画の段階から激励のお言葉をかけてくださり、執筆の過程においても各章の構成や法令の適用関係についてご助言をいただき本当にありがとうございました。いつまでも変わらぬ尊敬と心からの感謝をここに申し上げます。

　令和6年2月26日

税理士　杉澤　雄一

CONTENTS 目次

2 税関の税務調査の概要

3 具体的な調査の手順と内容

4 犯則調査について

3章 消費税の更正の請求の実務

1 「国税通則法」と「消費税法」の更正の請求

2 事例と実務上の手続き

本書の内容は、令和5年12月1日現在の法令等によります。

1章 │ 輸入取引と関連する税金

　はじめにでも述べたように本書は、「税関の税務調査」と「消費税の更正の請求」をテーマにした本です。

　税関の税務調査とは、輸入者の事業所等を税関職員が個別に訪問する等して、関係する帳簿や書類等の確認を行う輸入事後調査のことをいいます。

　この輸入者に対する調査は、適正な課税を確保することを目的として輸入貨物に係る納税申告が適正に行われているのかを確認し、不適切な申告については是正や指導が行われます。

　その結果、税関への修正申告等により、関税や消費税等の追徴税額が発生することもあります。

　税理士が日常的に経験する税務署の税務調査では、修正申告等を行う場合、追徴税額を納付することで手続きは完了しますが、税関の税務調査では、税関へ納付した追徴税額のうち消費税等については、税務署へ更正の請求を行うことにより還付を受けることができます。

　そこで、第1章では、輸入取引の流れと調査の対象となる関税や消費税の仕組みについて解説をしていきます。

1 輸入取引の全体像

　貿易取引は、輸出取引と輸入取引に大別されますが、このうち輸入取引の全体像は次の図のようになります。

　さらに輸入取引は海上輸送と航空輸送に分かれますが、ここからは、取引割合が多い海上輸送を前提に解説を行います。

〈輸入取引の主な相関図〉

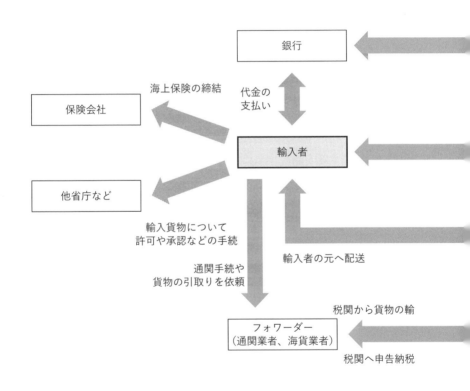

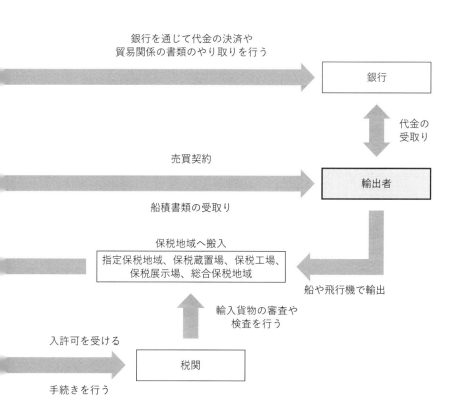

銀行を通じて代金の決済や
貿易関係の書類のやり取りを行う

銀行

代金の
受取り

売買契約

輸出者

船積書類の受取り

保税地域へ搬入
指定保税地域、保税蔵置場、保税工場、
保税展示場、総合保税地域

船や飛行機で輸出

輸入貨物の審査や
検査を行う

入許可を受ける

税関

手続きを行う

この図のように輸入取引は、単に輸出先との売買だけではなく取引の過程で銀行やフォワーダー（通関業者や海貨業者）、船会社、税関などたくさんの業者とも取引を行わなければなりません。

　取引の開始から終了までの大まかな流れは、次のような内容が一般的です。

〈輸入取引の大まかな流れ〉

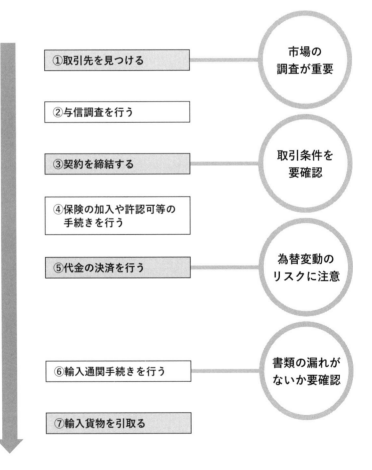

① 取引先を見つける

　輸入取引に限らず、ビジネスの基本は、これから販売しようとする商品の需要や市場の動向を調査することから始まります。

　これまでに多少なりとも貿易に携わる事業を営んできた人であれば、同業者や取引先などの人脈で海外の事業者について情報収集を行い、少しずつ事業の基盤を構築していくことができると考えられますが、これから新規参入する場合に海外の事業者について、社名や事業の内容がすぐに出てくる人は少ないのではないでしょうか。また、言葉の壁や文化や商習慣の違いもあり、国内で取引先を探すよりも多くの困難が伴います。

　このような中で、輸入取引の場合には、信頼できる海外の取引相手を見つけることが事業の成功を左右する重要なポイントといえますが、具体的には次のような方法により探すこととなります。

世界の展示会や見本市の情報を集める方法	JETRO（日本貿易振興機構）のホームページで世界の見本市・展示会情報（J-messe）を確認することができます。 https://www.jetro.go.jp/j-messe/
大使館や商工会議所から情報を集める方法	各国大使館のホームページからも国内外の見本市の情報や自国の特産品について特集や製造元の情報を確認することができます。
業界誌から探す方法	各国のダイレクトリー（業者名簿）や業種ごとの専門誌から商品やビジネスのヒントを得る方法もあります。

② 与信調査を行う

　貿易取引では、国内取引と異なり相手先は外国の企業となります。

　当然ながら文化や商習慣も日本の常識とは異なりますので、契約が成立してもその通りに履行されるとは限りません。輸入の場合、納期が遅れたり、注文したものと違う商品が届くなど、トラブルやリスクもあります。貿易取引では取引相手が信頼のおける事業者なのか与信調査が欠かせません。

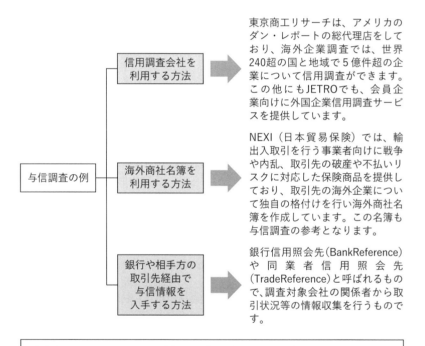

与信調査の例

信用調査会社を利用する方法
東京商工リサーチは、アメリカのダン・レポートの総代理店をしており、海外企業調査では、世界240超の国と地域で5億件超の企業について信用調査ができます。この他にもJETROでも、会員企業向けに外国企業信用調査サービスを提供しています。

海外商社名簿を利用する方法
NEXI（日本貿易保険）では、輸出入取引を行う事業者向けに戦争や内乱、取引先の破産や不払いリスクに対応した保険商品を提供しており、取引先の海外企業について独自の格付けを行い海外商社名簿を作成しています。この名簿も与信調査の参考となります。

銀行や相手方の取引先経由で与信情報を入手する方法
銀行信用照会先（BankReference）や同業者信用照会先（TradeReference）と呼ばれるもので、調査対象会社の関係者から取引状況等の情報収集を行うものです。

東京商工リサーチやJETRO（ジェトロ）を介した与信調査では、調査対象企業の「会社概要」「沿革」「所有者（株主）」「業務内容」「財務内容」「関連会社」「訴訟記録」などの項目が記載され、これらの情報に基づいた「格付け」が報告されます。

展示会や交流会で知り合った新規の取引先候補が、優良な相手かと思っていたら、知的財産に関する訴訟を多く抱えていたなど潜在的なリスクが明らかになる場合もあります。

これらの調査方法を組み合わせて、契約を行う前に問題がないか確認を行うこと、また、取引が長く継続していても定期的に調査を行い相手の状況を確認することが海外の事業者と取引を行う上では重要となります。

③ 契約を締結する

与信調査を終えて取引をしたい相手が見つかったら、売買契約の締結へ向けた交渉が開始します。

海外の事業者と売買契約を締結するにあたり重要な項目が貿易条件（Trade Terms）に関する事項です。貿易取引においては、輸出者と輸入者がどこからどこまで責任を負うのかを明らかにしておかないとトラブルが生じたときに当事者間で深刻な紛争が生じることとなります。前述したように、貿易取引は日本の商習慣や常識が違う国との取引ですので、万国に共通する商法のような法律はありません。

そこで、1936年にICC（国際商業会議所）により長年の貿易取引の条件や慣習を基にインコタームズ（International Commercial Terms）と呼ばれる国際的なルールが制定されました。

インコタームズは、貿易取引を行う当事者間の費用負担（運賃や保険料など）の範囲や貨物の危険負担の範囲などが定められており、今日では貿易取引を行う際の基盤となっていますが、法律や条約のようなものではないのでこれを採用するかは当事者間の合意によります。

なお、現在は何度かの改正を経て2020年に制定されたインコタームズ2020が最新の規定となります。

インコタームズの類型
（全部で11種類）

EXW（Ex Works）工場渡し条件

FCA（Free Carrier）運送人渡し条件

CPT（Carriage Paid To）輸送費込み条件

CIP（Carriage and Insurance Paid To）
輸送費・保険料込み条件

DAP（Delivered at Place）
仕向地持込渡し条件

DPU（Delivered at Place Unloaded）
荷卸込持込渡し条件

DDP（Delivered Duty Paid）
関税込持込渡し条件

FAS（Free Alongside Ship）
船側渡し条件

FOB（Free On Board）本船渡し条件

CFR（Cost and Freight）運賃込み条件

CIF（Cost Insurance and Freight）
運賃・保険料混み条件

貿易実務でよく使われる条件 ◀

　インコタームズは、あくまで売主と買主の費用負担や貨物の危険負担についてのルールなので、代金の決済に関する事項や所有権の移転などについては規定されていません。

　どのインコタームズの規則を適用するのかは、代金の決済等の条件も含め契約の段階で決められることとなります。

　そして、これらの類型のうち、消費税の輸出申告の際に適用されるのがFOB価格で、輸入申告の際にはCIF価格が適用されます。

■ FOB の場合

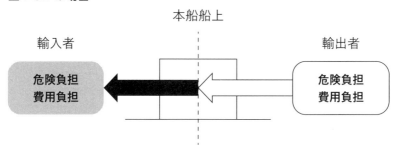

FOBは、売主が貨物を買主が指定した本船の船上に置いたときに引渡しが完了する条件をいいます。引渡しが完了した時点で費用負担と危険負担が売主から買主へ移転することとなります。

■ CIF の場合

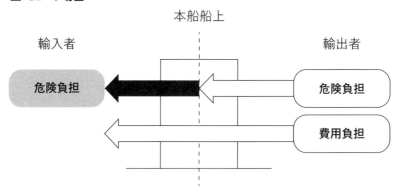

CIFは、FOBと類似した取引条件となっており危険負担については、本船の船上で売主から買主へと移転します。ただし、こちらの取引条件については、輸入地までの海上運賃に加えて保険料についても売主が負担するものとなっています。

※ ここでいう費用とは具体的に、Cost（仕入価格、製造原価、梱包費、国内運送費、輸出者利益、通関・船積経費など）とFreight（運賃）とInsurance Premium（保険料）をいいます。

輸入取引について、インコタームズによる貿易条件や取引条件（数量、品質、価格、納期や代金決済の方法など）の合意ができるといよいよ売買契約の締結となります。

　売買契約書のうち輸出者が作成するものを注文請書型契約書といい、SALES CONTRACT、SALES NOTE などと呼ばれています。

　一方で輸入者側が作成するものを注文書型契約書といい、PURCHASE CONTRACT、PURCHASE ORDER、PURCHASE NOTE などと呼ばれています。

④　保険の加入や許認可等の手続きを行う

　売買契約の締結が完了すると、貨物海上保険の契約や輸入前の準備として関係省庁への許認可等の手続きを行います。

・貨物海上保険について

　貨物海上保険とは、輸出入者が船舶や航空機等で貨物を運搬する際に想定される不慮の事故や様々なトラブルによる損害に備えて加入するもので貿易取引を完了するために必要不可欠なものといえます。

　なお、保険の契約申込みや費用の負担については、インコタームズについて解説したように、例えばFOB による条件の場合は輸入者が負担し、CIF の場合には輸出者側が負担することとなります。

　また、貨物海上保険は、一般的に売買契約の締結後に加入するものですが、例えばFOB 取引のように輸入者が保険をかける場合に、売買契約の直後だと船名や貨物の数量、金額が確定していないことがあります。

　このようなケースでは、保険申込みに必要な事項が不確定な状態となりますが、貨物海上保険では、予定保険契約というものがあり仮に

契約をすることができます。

　その後、輸出者から船積通知（Shipping Advice）が到着すると不足していた事項が充足されるので確定保険契約が完了することとなります。

　そして、保険の申込みが完了すると、保険証券とともに保険料請求書（Debit Note）が発行されます。この書類は、輸入申告の際に保険料の証憑として使用されます。

・許認可等について

　日本国では原則として自由に輸入を行うことができますが、なかには次のような輸入が禁止されているものもあります。

■ **輸入が禁止されている貨物**（関税法69の11）
例：麻薬、大麻、覚せい剤、けん銃、爆発物、火薬類など

　なお、税関のホームページによると、違法でないと称して販売されているハーブやアロマオイル、バスソルトなどの商品の中には「麻薬」や「指定薬物」にあたり輸入が禁止されているものがあるようです。

　これらのものを輸入した場合には、関税法等で処罰されることとなりますので注意しましょう。

　この他にも、貨物の輸入について関税関係法令以外の法令の規程により許可・承認等を要する場合には、輸入申告や税関の審査の際に他法令の許可・承認等を受けている旨を税関に証明し、確認を受けなければ輸入の許可がされないこととなっています（関税法70）。

　売買契約が成立し、いざ通関手続きをするという段階まで来たものの、貨物が輸入規制の対象や禁止されている貨物に該当していたという思わぬケースも起こり得るので、事前確認を入念に行う必要があります。

⑤ 代金の決済を行う

貿易取引の決済は、一般的に次のような方法により行われています。

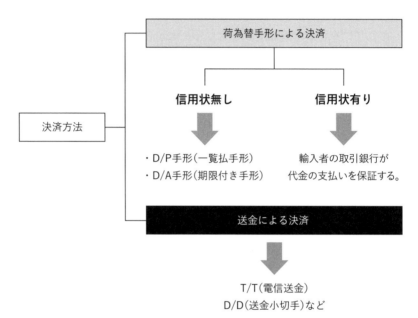

| | 荷為替手形による決済 |
| 決済方法 | 信用状無し　　　　　　信用状有り |

・D/P手形(一覧払手形)　　　　　輸入者の取引銀行が
・D/A手形(期限付き手形)　　　　代金の支払いを保証する。

送金による決済

T/T(電信送金)
D/D(送金小切手)など

※　為替変動のリスクに備える場合には、あらかじめ金融機関と決済時点の為替
　　レートを設定する為替予約（輸入予約）を締結することとなります。こうするこ
　　とで、急激な円安による資金の流出を回避することや支払額の確定を行うことが
　　可能となります。

・荷為替手形による決済

　荷為替手形とは、いわゆる為替手形のことで船荷証券（Bill of Lad-ing）、インボイス（Invoice）、保険証券等の船積書類が添付されたものをいい、貿易取引において広く普及している決済方法となります。

・信用状（L/C）のある荷為替手形

　貿易取引では、商品を発送したにもかかわらず、代金が支払われないケースもあります。そのため、初めて取引を行う場合や与信情報に不安のある相手先には、代金の決済について信用状（L/C）による決済が売買契約の条件として組まれることもあります。

　信用状（Latter of Credit）とは、輸入者の取引銀行が発行する書類で、輸出者に対して輸入者の代わりに銀行が代金の支払いを確約した保証状のことをいいます。

■ 信用状取引の概要

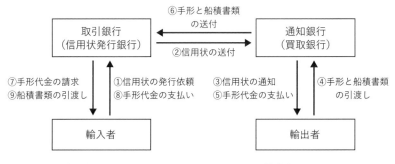

輸入者のメリット
・代金の前払いの必要がなくなる
　→支払いリスクの軽減
・代金の支払いと同時に船積書類の入手ができる
　→商品入手リスクの軽減

輸出者のメリット
・代金の後払いが生じない
　→資金の負担や回収リスクの軽減
・銀行が支払いを保証してくれる
　→初めての取引相手でも安心できる

・信用状のない荷為替手形

　信用状（L/C）による決済は、メリットもありますが、銀行への手数料もかかるので、継続して取引がある場合や与信情報が良い相手先の場合には、信用状のない荷為替手形により決済が行われます。

　D/P決済とは、一覧払手形のことをいい、輸入者が手形の支払いを行うと船積書類の引渡しが行われる方法です。輸出者にとっては、支払いが行われるまで船積書類が引渡されないので安心できますが、信用状のある取引とは異なり、すぐに代金が回収できないことや銀行が支払いを保証していないという違いがあります。

　また、D/A決済とは、期限付手形のことをいい、手形の引き受けを条件に船積書類の引渡しを受ける方法です。こちらについては、銀行の支払い保証もないまま船積書類が移転してしまうので、輸出者にとって代金回収のリスクが高くなる決済手段といえます。

■ 手形の取立決済の流れ

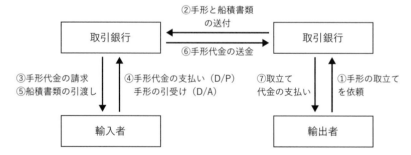

・送金による決済

送金による決済は、銀行を通して相手先に資金を送る簡易な手続きとなります。主にT/T（電信送金）やD/D（送金小切手）という方法があり、銀行を経由することなく直接相手先と船積書類のやりとりを行うのでスピーディーに取引ができるメリットがあります。この方法についても信用状のような銀行による支払い保証はないので、継続して取引がある場合や与信情報が良い相手先との決済手段といえます。

・その他の決済法

この他にも、双方に売買による債権債務がある場合には、相殺（ネッティング）という方法が取られることがあります。この場合には、債権債務の相殺後の差額を支払うこととなります。

⑥ 輸入通関手続きを行う

　代金の決済が完了し、船積書類の入手をすると輸入通関に向けた手続きへと進みます。

　貨物が輸入地に入港する数日前になると、船会社から貨物到着案内（Arrival Notice）が来ます。

　貨物到着案内（Arrival Notice）は、入港日などの情報の他に海上運賃の請求書（着払いの場合）の役割も有しており、この書類が来ると輸入者は、フォワーダー（通関業者や海貨業者）へ通関手続きと貨物の引取り手続きを依頼することとなります。

通関手続きに必要な書類

- 船荷証券（B/L）
- インボイス（Invoice）
- 包装明細書（Packing List）
- 法令に基づく許可・承認書類等
- その他（運賃明細書、保険料明細書、原産地証明書、貨物のカタログなど）

　依頼を受けた通関業者は、輸入者から提供された資料を基に「輸入（納税）申告書」を税関長へ提出します。実務的には、手続きは電子化されており、NACCS（輸出入・港湾関連情報処理システム）というシステムを使って税関へ申告データを送信します。

　なお、輸入申告は、契約時に交わしたインコタームズの条件とは関係なく、原則として CIF 価格により行われます。

そして、税関の方では、輸入（納税）申告書の内容を審査し必要に応じて実際に貨物の検査を行います。そして、申告内容に問題がなく関税や消費税等の納税を完了していることが確認されると輸入許可書（Import Permit）を交付します。

適格請求書と Invoice（インボイス）について

税理士が実務でよく耳にするインボイスとは、いわゆる適格請求書で、売手が買手に対して、正確な適用税率や消費税額等を伝える書類やデータのことをいいます。

具体的には、従来使用されてきた「区分記載請求書」に「登録番号」、「適用税率」及び「消費税額等」の追記がされたものとなります。

一方で、貿易取引で使う Invoice（インボイス）とは、送り状や仕入書のことをいいます。

こちらについては売買契約に基づいて売手が買手に対して作成する商品の出荷案内書、明細書、価格計算書及び代金請求書といった用途を兼ね備えており、輸入する際の荷受や通関に使用される書類となります。

同じインボイスという用語でも使われる目的や用途が異なりますので注意しましょう。

⑦ 貨物の引取りについて

　貨物が輸入地に到着すると保税地域へ搬入されることになりますが、輸入者から依頼を受けた海貨業者は、船荷証券を船会社へ引き渡し、代わりに荷渡指図書（Delivery Order）を受け取ります。

　保税地域の中で貨物は、CFS（小口貨物）やCY（大口貨物）といった荷捌きや荷卸しが行われる場所に一時保管されます。

　この間に輸入（納税）申告と納税が完了し、輸入許可書が交付されると、海貨業者は保税地域の管理者に輸入許可書と荷渡指図書を提出し貨物を引き取り、輸入者へ引き渡します。

　ここまでが輸入取引の一連の流れとなります。

2 消費税の全体像

　ここからは、消費税の全体像について解説をしていきます。

　消費税の課税の対象から計算方法や確定申告の手続きまでを一巡し、輸入取引に係る消費税の取扱いについても併せて確認していきましょう。

　この2節での知識が3章の消費税の更正の請求の手続きを理解する基礎となります。

　こちらについては、経験者の方にとっておさらいとなりますが、随所で近年の改正項目にも触れているので確認してみましょう。なお、消費税の全体を網羅することに重点を置いているので、初学者の方にも理解がしやすいように、消費税法の基本となる項目にポイントを絞っています。

〈消費税の取引分類図〉

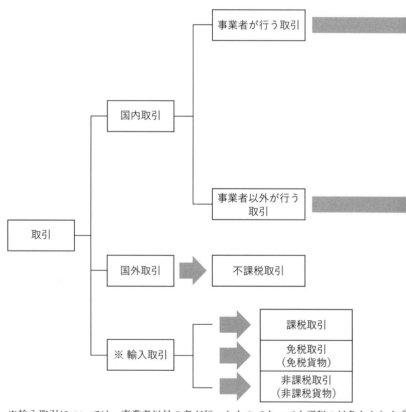

※輸入取引については、事業者以外の者が行ったものであっても課税の対象となります
　国税庁ホームページを参考に作成

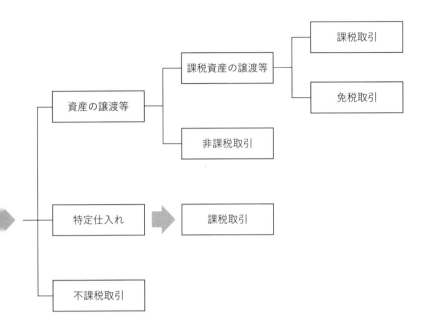

① 消費税の基本的な仕組み

1. 課税対象となる取引

消費税法において、課税の対象とは、次のように定められています。

・国内において事業者が行った資産の譲渡等（特定資産の譲渡等に該当するものを除く。）及び特定仕入れ（事業として他の者から受けた特定資産の譲渡等をいう。）には、この法律により、消費税を課する（消費税法4①）。
・保税地域から引き取られる外国貨物には、この法律により、消費税を課する（消費税法4②）。

国内において行うものとは、原則として、資産の譲渡又は貸付けの場合は、資産の所在地により判定を行い、役務の提供については、役務の提供が行われた場所により判定を行います。

この他にも、国内と国外にわたって行われる取引については、その取引内容に応じて、国内取引であるかどうかの判定を行います。

次に、資産の譲渡等とは、「事業として対価を得て行われる資産の譲渡及び貸付け並びに役務の提供（代物弁済等、みなし譲渡を含む）をいう」とされています（消費税法2①八）。

ここでいう事業とは、その行為が反復、継続、独立して行われることをいいます。

そのため、ここには事業で使っていた資産の売却も含まれますが、例えば個人が家庭で使用していた家具などを売却した場合には、事業に該当しないので不課税となります。

なお、法人が行う行為はその全てが事業に該当するものとして取り

扱われます（消費税法基本通達5-1-1）。

　ここでキーワードをまとめると、資産の譲渡等のうち課税の対象となる取引は次の要件を満たす取引が該当します。

　・国内において行う取引であること
　・事業者が事業としてものであること
　・対価を得て行うものであること（代物弁済等、みなし譲渡を含む）
　・資産の譲渡、貸付け及び役務の提供であること
　・特定資産の譲渡等でないこと

　なお、特定仕入れとは、事業として他の者から受けた特定資産の譲渡等（「事業者向け電気通信利用役務の提供」及び「特定役務の提供」）をいいます（消費税法2①八の二、八の四、八の五、4①）。

2．非課税取引・不課税取引・免税取引について

　課税の対象となる取引について、ここまで確認を行いましたが、課税資産の譲渡等とは「資産の譲渡等のうち非課税とされるもの以外のものをいう」とされています（消費税法2①九）。

　なお、課税の対象となる取引であっても消費税の消費という性質になじまないものや社会政策的な配慮から非課税とされている取引がいくつか存在します。

　それらは条文において列挙されており次の取引が該当します（消費税法6①、別表第二）。

```
                        ┌─────────────┐
                        │  非課税取引  │
                        └─────────────┘
              ┌───────────────┴───────────────┐
```

政策的な配慮から課税されないもの　　**消費税の性質からなじまないもの**

・公的な医療保障制度に基づく療養、医　　・土地の譲渡及び貸付け
　療などの資産の譲渡等　　　　　　　　・有価証券、支払手段等の譲渡
・介護保険法の規定に基づく居宅サービ　　・利子を対価とする金銭の貸付け及び
　ス等、社会福祉法の規定に基づく社会　　　保険料を対価とする役務の提供等
　福祉事業として行われる資産の譲渡等　　・郵便切手類、印紙及び証紙の譲渡、物
・助産に係る資産の譲渡等　　　　　　　　　品切手等の譲渡
・埋葬料、火葬料を対価とする役務の提供　・国、地方公共団体等が法令に基づき徴
・身体障害者用物品の譲渡等　　　　　　　　収する手数料等に係る役務の提供、外
・学校、専修学校、各種学校等の授業料等　　国為替業務に係る役務の提供
・教科用図書の譲渡
・住宅の貸付け

　　次に、不課税取引は、国外取引や事業者以外の者が行う取引の他に
も次のような対価性がなく資産の譲渡等に該当しない取引も含まれて
います。

・寄附金、祝金、見舞金、補助金など

・試供品、見本品の提供

・保険金、共済金など

・配当金、出資分配金

・損害賠償金など

〈事業者以外の者が行う取引〉

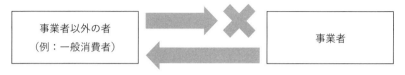

一般消費者が行う取引は、反復・継続・独立という事業としての性質がない取引となります。

〈国外取引〉

国外取引は、原則として消費税の課税対象外となります。

〈その他の不課税取引について〉

寄附金等については、通常、反対給付がないことから、資産の譲渡等に対する対価性がなく課税の対象としての要件を満たさない取引となります。

資産譲渡等に対する対価として受け取るものではないので、課税対象としての要件を満たさない取引となります。
損害賠償金のうち、実施的に資産の譲渡等の対価として認められるものついては、課税の対象となります。

不課税取引も非課税取引も消費税は課税されていませんが、前者が資産の譲渡等の要件を満たしていないのに対して後者はあえて消費税を課していないという違いがあるといえます。

また、免税取引とは、消費地課税主義という考え方に基づき、一定の要件を満した場合に消費税が免除される取引をいいます。

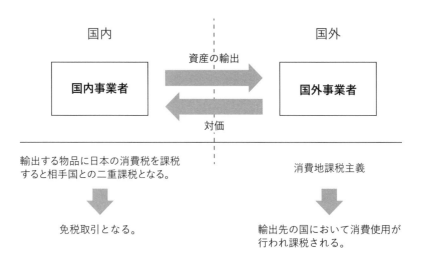

【輸出売上の収益の計上時期について】

輸出売上については、次の基準により収益認識を行います。

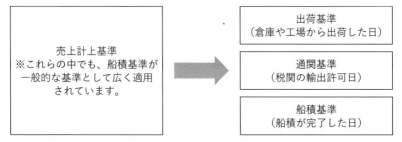

<u>収益の計上時期について争われた事例（最高裁平成 5 年11月25日判決）</u>
　輸出事業者であるX社は、荷為替手形の買取日の属する事業年度に収益を計上していたが、Y税務署長は船積基準により収益を計上すべきであったとしてX社に対して更正処分を行った。
　X社は、これを不服として、処分の取消しを求める訴訟を提起したが、最高裁判決では、荷為替手形の買取日の属する事業年度に収益を計上することは一般に公正妥当と認められる会計処理の基準に適合しないと判断してX社の主張を認めなかった。

なお、輸出免税は、具体的に次のような取引が該当します。

・国内からの輸出として行われる資産の譲渡、貸付け

・外国貨物の譲渡、貸付け

・外国貨物の荷役、運送、保管、検数、鑑定等の役務の提供

・国際輸送、国際通信、国際郵便、国際信書便

・非居住者に対して行われる特許権などの譲渡、貸付け

・輸出物品販売場における輸出物品の譲渡に係る免税

・その他一定の取引

※輸出免税が認められるためには輸出許可書などの書類の保存が要
件とされています。

そして、これらの分類を経て最終的に該当するものが課税取引とな
ります。

3．輸入取引について

輸入取引については、47ページ「②輸入取引に関する消費税」で詳
しく解説を行います。

4．納税義務者

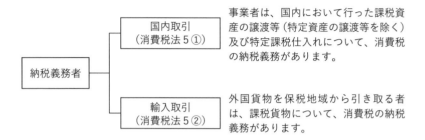

国内取引
（消費税法5①）

事業者は、国内において行った課税資産の譲渡等（特定資産の譲渡等を除く）及び特定課税仕入れについて、消費税の納税義務があります。

納税義務者

輸入取引
（消費税法5②）

外国貨物を保税地域から引き取る者は、課税貨物について、消費税の納税義務があります。

　国内取引については、基準期間（個人は前々年、法人は前々事業年度）における課税売上高が1,000万円以下である事業者については、原則として消費税の納税義務が免除されることとなりますが、特定期間における課税売上高や相続・合併・分割があった場合等の特例による判定を行い納税義務が生じるケースもあります。

　また、国内取引が事業者を納税義務者と定めているのに対して、輸入取引の場合には「者」となっており、事業者だけでなく一般消費者も納税義務があることに留意する必要があります。

5．納税地

　消費税法において、申告、納付、届出等を行う納税地は原則として次の場所とされています。

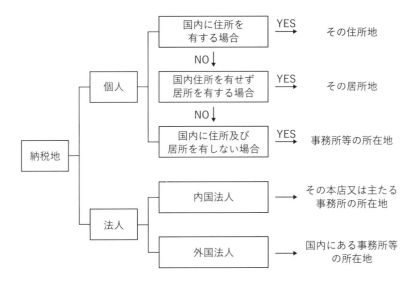

6．課税期間

　消費税を計算する課税期間については、原則として個人事業は暦年
（1月1日から12月31日までの期間）となり、法人については事業年
度とされています。

　なお、所轄の税務署長に「消費税課税期間特例選択・変更届出書」
を提出することにより課税期間を3か月又は1か月ごとの期間に短縮
することができます。

原則　個人：暦年
　　　法人：事業年度　※図解は12月法人の場合

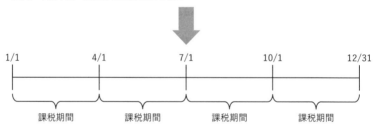

特例　届出書を提出することで課税期間を3か月又は1か月ごとの期間に短縮できる
　　　※図解は3か月ごとの期間に短縮した場合

　貿易業など輸出免税の割合が多く恒常的に消費税の還付が生じる事
業者については、早期に還付を受けることで資金繰りの改善につなが
ることから、この課税期間の短縮を選択されるケースがよく見受けら
れます。

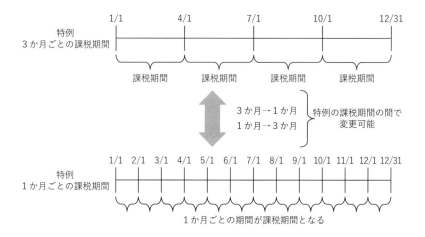

　なお、届出書の効力は原則として提出があった日の属する期間の翌期間の初日以後に生じることとなり、3か月から1か月への変更や1か月から3か月への変更も可能ですが、一定期間経過後でなければ届出書の提出をできない制限があります。

　そして、特例の適用をやめようとする場合にも届出書の効力が生じた日から2年を経過する日の属する期間の初日以後でなければ「消費税課税期間特例選択不適用届出書」の提出ができないものとされています。

7．消費税の計算方法

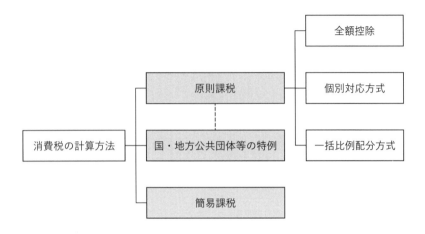

　消費税の計算方法には、図解のとおり３つの計算方法があります。

　原則課税は、売上相手から受け取った消費税額から仕入税額控除（仕入先などに支払った消費税額を控除）をして消費税額を計算する方法です。

　次に、簡易課税は、売上相手から受け取った消費税額に対して、みなし仕入率という売上の種類に応じた業種ごとの割合を使って消費税額を概算で計算する方法です。これは基準期間の売上高が5,000万円以下の中小零細事業者のために設けられている制度です。課税売上に係る消費税額から仕入税額控除を計算するので輸入仕入に係る消費税額は計算に影響がありません。

　そして、国・地方公共団体に対する特例は、国・地方公共団体や法別表第三に掲げられている法人などに対して適用される方法です。国等については、特定収入（補助金など）が多いことから、これらを原

資として行われる課税仕入れ等について、一般的な企業と同様に仕入税額控除を行うことは合理性に欠けることから、特定収入が一定の割合を超える場合には、原則により計算した仕入税額控除に対して制限計算を加えることとされています。

このうち本書では、原則課税計算を中心に記述を行っていきます。

なお、インボイス制度の導入により、令和5年10月1日から売上税額については、適格請求書に記載された消費税額等の合計額に$\frac{78}{100}$を乗じて消費税額を算出する積上げ計算による方法か税率ごとに区分した課税資産の譲渡等の税込価額の合計額から算出したそれぞれの課税標準額に$\frac{7.8}{100}$又は$\frac{6.24}{100}$（軽減税率適用の場合）を乗じて算出する割戻し計算による方法かを選択適用することとなります。

また、仕入税額についても、適格請求書に記載された消費税額等の合計額に$\frac{78}{100}$を乗じて消費税額を算出する積上げ計算による方法（帳簿積上げ計算という方法もあります。）か税率ごとに区分した課税仕入れに係る支払い対価の額の合計額に$\frac{7.8}{110}$又は$\frac{6.24}{108}$（軽減税率適用の場合）を乗じて計算する割戻し計算を選択適用することとなります。

8．仕入税額控除

消費税は、取引の流通過程で生じた付加価値に対して課税がされていきますが、税の累積を排除するために課税標準額に対する消費税額から取引の前段階で課された消費税を控除する仕組みを取っています。これがいわゆる仕入税額控除という制度です。

消費税の税額控除には、この他にも売上げに係る対価の返還等に係る消費税額の控除、特定課税仕入れに係る対価の返還等に係る消費税額の控除、貸倒れに係る消費税額の控除があります。

原則計算の大まかな仕組み

売上相手から受け取った消費税等

課税標準額に対する消費税額

ー

仕入先等に支払った消費税等

仕入税額控除

課税標準とは？

- 課税資産の譲渡等の税抜対価の額
- 特定課税仕入れに係る支払対価の額

※これらの対価を基礎に計算をします。

課税仕入れ等の税額とは？

- 国内において行った課税仕入れに係る消費税額
- 国内において行った特定課税仕入れに係る消費税額
- 課税貨物に係る消費税額

※これらの金額を基礎に計算をします。

控除税額の計算方法

- 全額控除　● 個別対応方式
- 一括比例配分方式

※令和5年10月1日以降の計算方法

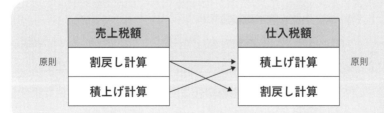

取引相手から受け取った消費税等

- ●売上げに係る対価の返還等に係る消費税額
- ●特定課税仕入れに係る対価の返還等に係る消費税額
- ●貸倒れに係る消費税額

＝

納付税額

対象となる取引は？

返品・値引き・割戻し等
による対価の返還

これらの対価に係る
消費税額を控除します。

貸倒れとは？

貸倒れの事実が生じたことにより代金の
回収ができなくなった場合ををいいます。

貸倒れの事実とは、会社更生法等の規定により
債権の切捨て等が生じた場合をいいます。

売上税額について割戻し計算を採用した場合には、仕入税額については積上げ計算か割戻し計算のいずれかを選択することとなります。
これに対し、売上税額について積上げ計算を選択した場合には仕入税額についても積上げ計算のみが適用可となりますので注意が必要です。

そして、仕入税額控除の対象となるのは課税事業者がその課税期間中に行う次の仕入取引となります。

・国内において行う課税仕入れ
・国内において行う特定課税仕入れ
・保税地域から引き取る課税貨物

＊居住用賃貸建物の取得等についてや密輸品と知りながら取引を行った課税仕入れについては仕入税額控除の制限を受けることとなります。

このうち課税仕入れとは、事業者が事業として他の者から資産を譲受け・借受け又は役務の提供を受けることをいいます（所得税法に規定する給与等を対価とする役務の提供を除きます）。そして仮にその他の者が事業として、その資産を譲渡し・貸付け又は役務の提供をしたとした場合に課税資産の譲渡等（消費税が免除される取引を除く）に該当することとなるものに限るとされています。これは言い換えると、売手側で課税資産の譲渡等に該当するものは、買手側では課税仕入れになることを意味しています。

つまり、売手と買手で消費税の取扱いは表裏一体の関係となります。

この課税仕入れからは、所得税法上の給与等を対価とする役務の提供は除かれていますが、免税事業者からの仕入れも含まれること

なっています。

　なお、免税事業者からの仕入れについては、適切な税の転嫁の観点から令和 5 年10月から施行のインボイス制度により仕入税額控除に制限がかかる経過措置が設けられています。

■ 免税事業者からの仕入れについて

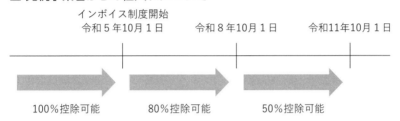

インボイス制度開始
令和 5 年10月 1 日　　　令和 8 年10月 1 日　　　令和11年10月 1 日

100％控除可能　　　80％控除可能　　　50％控除可能

　また、特定課税仕入れとは課税仕入れのうち特定仕入れに該当するものをいい、課税貨物とは保税地域から引取られる外国貨物のうち非課税とされるもの以外のものをいいます。

〈仕入税額控除の時期について〉

　課税仕入れ等に係る消費税額の仕入税額控除を行う時期は、消費税法において次のように規定されています（消費税法30①）。

国内おいて行う課税仕入れ……課税仕入れを行った日
国内において行う特定課税仕入れ……特定課税仕入れを行った日
保税地域から引き取る課税貨物……※課税貨物を引き取った日

※特例申告書を提出した場合には、特例申告書を提出した日又は決定
　の通知を受けた日となります。

９．原則計算による計算方法

　原則計算による仕入税額控除は、❶全額控除❷個別対応方式❸一括比例配分方式のいずれかの方法により計算を行います。

❶全額控除

　全額控除は、その課税期間における課税仕入れ等に係る消費税額の全額を控除する方式をいい、課税仕入れに係る消費税額、特定課税仕入れに係る消費税額及び課税貨物につき課された又は課されるべき消費税額の合計額となります。

　この方法による仕入税額控除は、次の要件が満たされる場合に適用されます。

・その課税期間における課税売上高が５億円以下の場合

　※課税期間が１年未満の場合には、課税売上高を１年分に換算する
　　年換算を行い判定します。

・その課税期間における課税売上割合が95％を超える場合

全額控除の場合

仕入税額控除	＝	その課税期間における 課税仕入れ等の係る 消費税額の全額

※課税売上割合が95％以上の課税期間については、当面の間、特定課税仕入れについてはないものとされています。

　これは比較的簡便な計算方法であり、中小事業者の事務負担への配

慮や売上高のうちに占める非課税売上の割合が低く納税額への影響が少ないことから設けられているものといえます。

❷個別対応方式

個別対応方式とは、その課税期間における課税売上高が5億円を超える場合又は課税売上割合が95％未満の場合に適用される方法です。

個別対応方式の適用を受けるためには、課税仕入れ等に係る消費税額について①課税資産の譲渡等にのみ要するもの②非課税資産の譲渡等にのみ要するもの③課税資産の譲渡等と非課税資産の譲渡等に共通して要するものの3つの区分ができている必要があります。

これらの区分については、明確に分けられることが求められており、課税資産の譲渡等にのみ要するものだけを抽出して、その他については共通して要するものとして扱うといった処理はできないものとされています（消費税法基本通達11-2-18参照）。

■ 課税売上割合とは

$$\text{課税売上割合} = \frac{\text{課税売上高（税抜）} + \text{免税売上高}}{\text{課税売上高（税抜）} + \text{免税売上高} + \text{非課税売上高}}$$

※ 算式中の各売上高からは、売上げに係る対価の返還等の金額が除かれているものとします。

個別対応方式が適用される場合には、非課税資産の譲渡等にのみ要する課税仕入れ等に係る消費税額については仕入税額控除が受けれないこととなり、共通対応の課税仕入れ等の税額についても課税売上割合による税額控除の制限を受けます。

仕入税額控除	=	課税資産の譲渡等にのみ要する課税仕入れ等に係る消費税額	+	共通して要する課税仕入れ等に係る消費税額	×	課税売上割合

　なお、課税売上割合については、税務署長の承認を受けることにより、使用人の数や使用面積の割合などの課税売上割合に準ずる割合を適用することができます。

❸一括比例配分方式

　一括比例配分方式とは、個別対応方式と同様にその課税期間における課税売上高が5億円を超える場合又は課税売上割合が95％未満の場合に適用される方法です。

　こちらについては、個別対応方式に求められていた課税仕入れ等に係る消費税額の明確な区分ができない場合に適用されることとなりますが、区分がされている状態であっても一括比例配分方式を選択することができます。

一括比例配分方式の場合

仕入税額控除	=	課税仕入れ等に係る消費税額	×	課税売上割合

　なお、一括比例配分方式を選択した場合には、2年間継続適用した後でなければ個別対応方式へ変更することはできないものとされてい

ます。

　また、課税売上割合に準ずる割合については、一括比例配分方式の場合には適用することができません。

　本書では、解説を省略しますが、この他にも消費税法第31条から第36条の特例の適用や調整計算を加えることにより仕入税額控除は算出されることとなります。

31条	非課税資産の輸出等を行った場合の 仕入れに係る消費税額の控除の特例
32条	仕入れに係る対価の返還等を受けた場合の 仕入れに係る消費税額の控除の特例（※）
33条	課税売上割合が著しく変動した場合の調整対象固定資産に関する 仕入れに係る消費税額の調整
34条から35条	調整対象固定資産を転用した場合の仕入れに係る消費税額の調整
35条の2	居住用賃貸建物を課税賃貸用に供した場合等の 仕入れに係る消費税額の調整
36条	納税義務の免除を受けないこととなった場合等の 棚卸資産に係る消費税額の調整

仕入税額控除

※保税地域からの引取りに係る課税貨物について還付を受ける場合の仕入れに係る消費税額の控除の特例

　消費税法第32条第4項において、保税地域からの引取りに係る課税貨物に係る消費税額の全部又は一部について、輸徴法第14条第1項《相殺関税等が還付される場合の消費税の還付》第15条第2項《変質、損傷等の場合の軽減又は還付》第16条の3《輸入時と同一状態で再輸出される場合の還付》第17条《違約品等の再輸出又は廃棄の場合の還付》など他の法律の規定により消費税の還付を受ける場合には、課税仕入れ等の税額から還付を受ける消費税額の減額を行う規定が設けられています。

〈2割特例について〉

　インボイス制度の導入を機に免税事業者からインボイス発行事業者として課税事業者に該当することとなった事業者については、仕入税額控除を、特別控除税額（売上税額の8割）とすることができる制度が創設されました。

　これは、いわゆる2割特例と呼ばれるものです（28改正法附則51の2①②）。

新しい計算方法

2割特例
売上げに係る消費税額から売上税額の8割を差し引いて納付税額を計算する方法。 ・業種に関係なく売上税額の一律2割を納付する。 ・事前の届出は不要 ・仕入税額の実額計算不要

選択可能

一般的な計算方法

原則課税
売上げに係る消費税額から仕入れに係る消費税額を差し引いて納付税額を計算する方法。 ・全額控除 ・個別対応方式 ・一括比例配分方式

簡易課税
売上げに係る消費税額から売上税額にみなし仕入率を掛けた金額を差し引いて納付税額を計算する方法。 ・業種に応じたみなし仕入率を使用する ・事前の届出が必要 ・仕入税額の実額計算不要

※2割特例の特別控除税額とは、課税標準である金額の合計額に対する消費税額から売上げに係る対価の返還等の金額に係る消費税額の合計額を控除した残額の $\frac{80}{100}$ に相当する金額をいいます。

　なお、この2割特例を適用できる期間は、令和5年10月1日から令和8年9月30日までの日の属する各課税期間となります。

10. 書類の保存

　仕入税額控除の適用を受けるためには、令和5年9月30日までは一定の事項が記載された帳簿と区分記載請求書等の保存が要件とされてきました。これは区分記載請求書等保存方式と呼ばれています。

　今般のインボイス制度の導入に伴い、令和5年10月1日からは適格請求書等保存方式へと変更が行われ、一定の事項が記載された帳簿の保存と適格請求書（インボイス）等の保存が要件となりました。

　適格請求書等保存方式の下では、適格請求書発行事業者以外の者（消費者や免税事業者、登録を受けていない課税事業者）が発行する請求書等については、仕入税額控除のために必要な要件を満たしていないことから、税額控除ができないものとされています（消費税法30⑦）。

　しかしながら、インボイス制度の開始から一定期間は、適格請求書発行事業者以外の者からの課税仕入れであっても、仕入税額相当額の一定割合を仕入税額とみなして控除できる経過措置が設けられています。経過措置を適用できる期間と割合については、37ページを参照。

　なお、経過措置の適用を受けるためには、帳簿については、「80％控除対象」など、経過措置の適用を受ける課税仕入れである旨の記載が必要となります。

〈少額特例について〉

　インボイス制度の導入に合わせて、書類の保存についても新しいルールが設けられました。

　具体的には、少額（税込1万円未満）の国内において行う課税仕入れについて、インボイスの保存がなくとも一定の事項を記載した帳簿の保存のみで仕入税額控除ができるという制度です。これは取引先がインボイス発行事業者であるかどうかは関係なく、免税事業者であっても同様となります（28改正法附則53の2、30改正令附則24の2）。

この制度は、基準期間における課税売上高が1億円以下又は特定期間（個人事業者の場合は前年1月から6月までの期間をいい、法人については前事業年度の開始の日以後6か月の期間をいいます。）における課税売上高が5,000万円以下の事業者が、適用対象者となります。

　なお、少額特例は、令和5年10月1日から令和11年9月30日までの期間が適用対象期間となります。

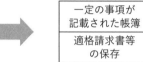

	令和5年9月30日まで
帳簿	一定の事項が記載された帳簿
請求書等	区分記載請求書等の保存

インボイス制度
令和5年10月1日から

一定の事項が記載された帳簿
適格請求書等の保存

帳簿の記載事項
〈課税仕入れの場合〉
・課税仕入れの相手方の氏名又は名称
・課税仕入れを行った年月日
・課税仕入れの内容
・課税仕入れに係る支払い対価の額

〈課税貨物の場合〉
・課税貨物を引き取った年月日又は特例申告書を提出した日
・課税貨物の内容
・引取りに係る消費税額及び地方消費税額又はその合計額

適格請求書等の記載事項
〈適格請求書の場合〉
・適格請求書発行事業者の氏名又は名称及び登録番号
・取引年月日
・取引内容
・税率ごとに区分して合計した対価の額及び適用税率
・税率ごとに区分した消費税額等
・書類の交付を受ける事業者の氏名又は名称

〈適格簡易請求書の場合〉
・適格請求書発行事業者の氏名又は名称及び登録番号
・取引年月日
・取引内容
・税率ごとに区分して合計した対価の額
・税率ごとに区分した消費税額等又は適用税率
※不特定多数の者に対して販売等を行う小売業者などが交付できます。

　なお、保存期間については原則として課税期間の末日の翌日から2か月を経過した日から7年間となります。

11. 確定申告と還付申告について

　ここまで、消費税の計算の仕組みについて大まかな流れを解説しましたが、納付税額の計算ができたら確定申告と納付を行う必要があります。

　課税事業者は、原則として課税期間の末日の翌日から2か月以内に確定申告書を税務署長に提出しなければならないものとされています（消費税法45①）。納付についても申告期限と同じ期日となります。

　ただし、個人事業者については、事務処理能力に配慮がされており、その年の12月31日の属する課税期間については、確定申告書の提出期限をその年の翌年3月31日にするものと規定されています（租税特別措置法86④一）。こちらも納付期限は申告期限と同じとなります。

　また、法人については、法人税の申告期限の延長の特例の適用を受けている場合には「消費税申告期限延長届出書」を提出することにより、確定申告書の提出期限を1か月延長することができます。

　なお、この制度を利用する場合には、延長されるのは、申告期限となりますので、納付については延長した期間分の利子税を支払う必要があります。

　そして、還付については、次のような規定が設けられています。

・確定申告による還付（消費税法52①、53②）

　確定申告書が提出された場合において、控除不足還付税額又は中間納付還付税額があるときは、税務署長は、その税額を申告書を提出した者に還付するものとされています。

・還付申告による還付（消費税法46①）

　課税事業者は、その課税期間分の消費税額について控除不足還付税額又は中間納付還付税額がある場合には、確定申告書を提出すべき義務がない場合においても、一定の事項を記載した還付申告書を税務署長に提出することができます。

　この確定申告を提出すべき義務がない場合とは、国内における課税資産の譲渡等（輸出免税取引を除く）及び特定課税仕入れがなく、納付する消費税額がないことを意味しています。

　なお、還付申告ができるのは、その請求をすることができる日から５年間となっています。（国税通則法74）

　そして、還付申告書が提出された場合において、控除不足還付税額又は中間納付還付税額があるときは、税務署長は、その税額を申告書を提出した者に還付するものとされています。（消費税法52①、53①）

②　輸入取引に関する消費税

1．課税の対象

　輸入取引の課税の対象は、保税地域から引き取られる外国貨物とされています（消費税法4②）。

　これは、消費地課税主義という考え方に基づき、国内で行われる資産譲渡等との課税のバランスを保つために行われています。

　そして、この外国貨物とは次の図解の貨物となります。

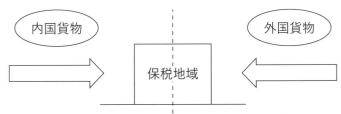

・輸出の許可を受けていない貨物
・外国から到着した貨物で輸入が許可されたものなど

・輸出の許可を受けた貨物
・外国から到着した貨物で輸入が許可される前のものなど

※引取りとみなす場合（消費税法4⑥）
　保税地域において外国貨物が消費され、又は使用された場合には、その消費又は使用をした者がその消費又は使用の時にその外国貨物をその保税地域から引き取るものとみなして消費税が課税されます。ただし、その外国貨物が課税貨物の原料又は材料として消費され、又は使用された場合その他一定の場合は、この限りでないとされています。

　次に、輸入取引の税区分についてですが、輸入取引についても課税、免税、非課税となる取引が混在しています。

　そして、保税地域から引き取られる外国貨物のうち課税貨物について消費税の納税が生じることとなります。

　なお、課税貨物とは、保税地域から引取られる外国貨物のうち非課税とされるもの以外のものをいいます（消費税法2⑪）。

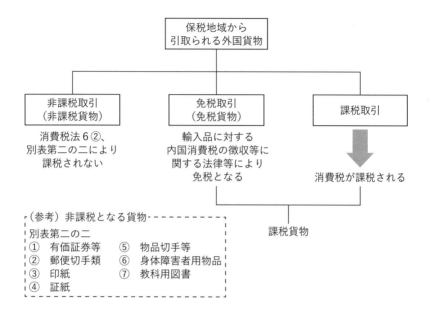

2．納税義務者

　輸入取引の納税義務者とは、消費税法において「外国貨物を保税地域から引き取る者は、課税貨物につき消費税の納税義務がある」と規定されています（消費税法5②）。

　輸入取引については、いわゆる免税点の規定の適用はなく、資産の譲渡等の場合と異なり事業者であるかどうか対価性があるのかといった要件もありません。

　つまり、外国貨物を輸入すれば、一般消費者についても課税貨物について消費税の納税義務者となります。

3．納税地

保税地域から引き取られる外国貨物に係る消費税の納税地は、保税地域の所在地とされています（消費税法26）。

4．課税標準

輸入取引に係る消費税の課税標準は、原則として次の算式の合計額となります（消費税法28④）。

なお、CIF価格とは、本船渡し条件価額であるFOB（Free on Board）価格に仕向け地までの運賃と保険料を加えた価格となります。

また、個別消費税等とは酒税、たばこ税、揮発油税、石油石炭税、石油ガス税などをいいます。

輸入取引に係る消費税の課税標準	=	関税定率法の規定に準じて算出した価格（CIF価格）	+	消費税以外の個別消費税等の額	+	関税の額

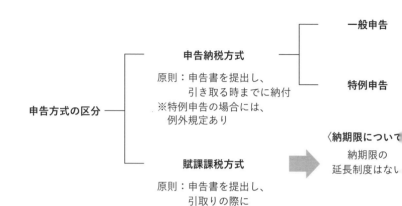

※特例申告とは、あらかじめ税関長の承認を受けた輸入者又は税関長の認定を受けた認定通関業者に委託した輸入者が輸入申告と納税申告を分離し、納税申告の前に貨物を引き取ることができる制度をいう。

5．税率

　国内取引と同様に、消費税(10%)の取引については、消費税(7.8%)と地方消費税（2.2%）が課税されます（消費税法29）。

　なお、課税貨物のうち飲食料品が対象となる軽減税率（8％）については、消費税（6.24%）と地方消費税（1.76%）が課税されることとなります（消費税法２十一の二、別表第一の二）。

6．申告と納付

　課税貨物を保税地域から引き取ろうとする者は、原則として、輸入申告と併せて納税申告書（輸入申告書との兼用様式）を保税地域を所轄する税関長に提出し、関税及び消費税等について納税が必要な場合にはこれらを納付して輸入の許可を受ける必要があります（消費税法基本通達15-4-1）。

〈納期限について〉

├─ 個別延長方式 ─┐
│   │ それぞれ担保の提供を条件に納期限について
└─ 包括延長方式 ─┤ 延長できる規定が設けられている。
                 │
➡ 特例申告 ──────┘

・引取りに係る課税貨物の申告について（消費税法47）

（１）申告納税方式が適用される課税貨物

　関税法に規定する申告納税方式が適用される課税貨物を保税地域から引き取ろうとする者は、他の法律又は条約の規定により、その引取りに係る消費税を免除されるべき場合を除き、一定の事項を記載した納税申告書を税関長に提出しなければなりません。

　なお、関税法に規定する特例申告を行う場合の納税申告書の提出期限は、その課税貨物の引取りの日の属する月の翌月末日となります。

（主な記載事項　消費税法47①）

イ　課税貨物の品名並びに品名ごとの数量、課税標準である金額及び税率

ロ　課税標準額に対する消費税額及び当該消費税額の合計額

ハ　その他一定の事項

（2）賦課納税方式が適用される課税貨物

　関税法に規定する賦課課税方式が適用される課税貨物を保税地域から引き取ろうとする者は、他の法律又は条約の規定により、その引取りに係る消費税を免除されるべき場合を除き、一定の事項を記載した課税標準申告書を税関長に提出しなければなりません。

なお、賦課課税方式が適用される課税貨物とは、国内への入国者が携帯輸入する土産品などがあります。

（主な記載事項　消費税法47②）

イ　課税貨物の品名並びに品名ごとの数量、課税標準である金額及び税率

ロ　その他一定の事項

理解する ポイント	誰が 提出するのか？	どこへ 提出するのか？	何を 提出するのか？	いつまでに 提出するのか？	適用が除外 される場合は？
申告納税方式が 適用される 課税貨物	課税貨物を 保税地域から 引き取ろうと する者	税関長	納税申告書	※引き取る時	他の法律又は 条約の規定により 引取りに係る 消費税を 免除される場合
賦課課税方式が 適用される 課税貨物			課税標準申告書	引き取る時	

※特例申告を行う場合は、引取り日の属する月の翌月末日

・引取りに係る課税貨物の納付について（消費税法50）

（1）申告納税方式が適用される課税貨物

　納税申告書を提出した者は、その申告に係る課税貨物を保税地域から引き取る時（特例申告を行う場合には、その提出期限）までに、その申告書に記載した消費税額の合計額を国に納付しなければなりません。

（2）賦課納税方式が適用される課税貨物

　保税地域から引き取られる課税貨物に係る消費税は、税関長がその引取りの際に徴収ものとされています。

・引取りに係る課税貨物の納期限の延長について（消費税法51）

　前述したように、申告納税方式が適用される課税貨物を保税地域から引き取ろうとする者は、原則として課税貨物を保税地域から引き取る時までに納税をする必要がありますが、税関長へ納期限延長申請書を提出し、担保を提供することで納期限の延長が認められています。

　なお、賦課課税方式についてはこのような延長制度は設けられていません。

（1）個別延長方式

　申告納税方式が適用される課税貨物を保税地域から引き取ろうとする者が、その申告書に記載した消費税額の合計額の全部又は一部の納期限に関し、納期限延長申請書を税関長に提出し、かつ、担保を提供したときは、税関長は、その消費税額が担保の額を超えない範囲内において、その納期限を3か月以内に限り延長することができる。

（2）包括延長方式

　申告納税方式が適用される課税貨物を保税地域から引き取ろうとする者が、特定月において課税貨物を保税地域から引き取るときに課されるべき消費税の納期限に関し、特定月の前月末日までに納期限延長申請書を税関長に提出し、かつ、担保を提供したときは、税関長は、その消費税の額の累計額が担保の額を超えない範囲内において、その納期限を特定月の末日の翌日から3か月以内に限り延長することができる。

（3）特例申告

　特例申告書をその提出期限までに提出した者が、その特例申告書に記載した消費税額の合計額の全部又は一部の納期限に関し、特例申告書の提出期限までに納期限延長申請書を税関長に提出し、かつ、担保を税関長に提供したときは、税関長は、その消費税額が担保の額を超えない範囲内において、その納期限を2か月以内に限り延長することができる。

理解する ポイント	誰が 提出するのか？	どこへ 提出するのか？	いつまでに 提出するのか？	適用を受ける ための要件は？	延長される 納付期限は？
個別延長方式	申告納税方式が適用される課税貨物を引き取ろうとする者	税関長	引き取る時まで	納期限延長申請書の提出 担保の提供	3か月以内
包括延長方式			特定月の前月末日		特定月の末日の翌日から 3か月以内
特例申告			特例申告書の提出期限まで		2か月以内

7. 輸入取引の仕訳例

〈取引の流れ〉

通関業者に手続きを依頼

① 仕入の計上　② 代金の決済　③ 貨物の到着と　④ 貨物の引取り
　　　　　　　　　　　　　　　　輸入申告

商品の注文

〈仕訳例〉

| | 税抜経理の場合 | 税込経理の場合 |

①　　　仕入　／　買掛金　　　　　　仕入　／　買掛金
　　※　輸入仕入の本体については、消費税の「課税対象外取引」となります。

　輸入取引の仕入計上基準については、主に船積日基準、通関日基準（輸入許可日）、引取日基準の3つが採用されていますが、このうち一般的なのは、船積日基準となります。なお、期末時点において未着となっている貨物については、未着品処理を行うこととなります。

②　　　買掛金　／　現金預金　　　　　買掛金　／　現金預金
　　　支払手数料　／　　　　　　　　　支払手数料　／
　　※　外貨建ての場合、為替差損益が発生する場合もあります。

　仕入代金を決済する際に、海外送金手数料が生じることがあります。
　外国為替業務に係る役務の提供は非課税取引に該当しますので、取引の明細書や銀行のホームページで内容の確認を行い課否判定に注意しましょう。

③　仮払消費税（国税）／　現金預金　　仕入（国税）／　現金預金
　　仮払消費税（地方税）／　　　　　　仕入（地方税）／
　　　　仕入（関税）／　　　　　　　　仕入（関税）／

　通関業者が立替えていた輸入消費税（国税）輸入消費税（地方税）関税の精算を行います。
　このうち、輸入消費税について通関業者の作成する精算書では、国税と地方税が合算されている場合があります。その際には、輸入許可通知書で国税と地方税の金額を確認しましょう。
　なお、課税貨物の仕入税額控除の時期については、原則として課税貨物を引取った日又は特例申告書を提出した日の属する課税期間となります。
　※　実務上、輸入消費税について仕入税額控除の適用を失念していたケースも散見されます。消費税申告の際に計上を忘れないように注意しましょう。

④　　　仕入　／　現金預金　　　　　　仕入　／　現金預金
　　　　　　又は
　　　　仕入　／　現金預金
　　仮払消費税　／

　通関業者に対して輸入申告など通関手続きの費用を支払います。
　この他にも、輸入取引に係る付随費用（仕入諸掛）については、海外運賃や保険料が頻出します。
　いずれの取引も免税や非課税に該当するケースが多いですが、明細書で取引の内容を確認する必要があります。なお、勘定科目については「仕入」となります。

令和○年○月○日

株式会社○○御中

○○県○○市○○
○○運輸株式会社
TEL：00－0000－0000
FAX：00－0000－0000

立替金精算書

　下記貨物の取扱いに関し、立替金が発生しております。
お手数ですが、至急弊社宛にお振込くださいますようお願いいたします。

船名：

品名：

数量：

輸入者：

輸出者：

その他：

　　立替金明細

① 　海上運賃
② 　CYチャージ
③ 　CFSチャージ
④ 　出庫料
⑤ 　輸入関税
⑥ 　輸入消費税
⑦ 　倉庫保管料
⑧ 　振込手数料
⑨合計

> 輸入消費税については、実務上、通関業者の立替金精算書では、消費税と地方消費税が合算されている場合があります。
> 例：消費税１８０,８００円
> 　　地方消費税５０,９００円
> 　　合計の２３１,７００円のみ表示
> この場合には、輸入許可通知書で確認をしましょう。

> ご決済の際はお手数ですが、下記銀行の弊社当座預金口座にお振込みくださいますようお願い申し上げます。
> ○○銀行○○支店　当座○○○○○○

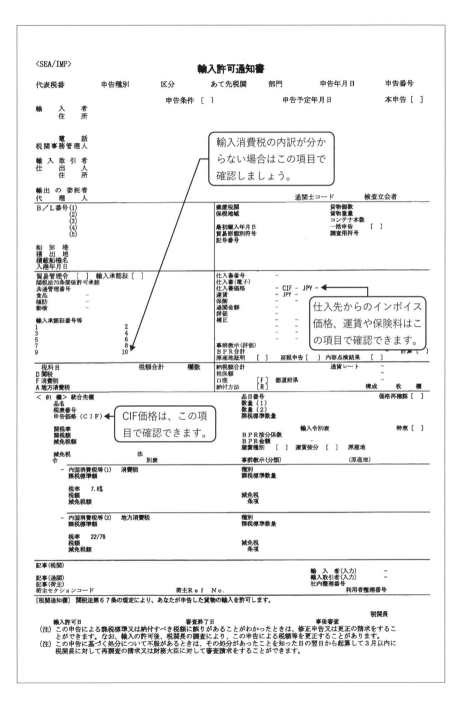

〈SEA/IMP〉　　　　　　　　　　　　**輸入許可通知書**

代表税番　　　申告種別　　　区分　　　あて先税関　　　部門　　　申告年月日　　　申告番号

　　　　　　　　　　　　申告条件 [　]　　　　　　申告予定年月日　　　本申告 [　]

輸　入　者
　　住　　所

　　　　電　　話
税関事務管理人

輸入取引者
仕　出　人
　　住　　所

輸出の委託者
代　理　人　　　　　　　　　　　　　　　　　通関士コード　　　検査立会者

B/L番号(1)　　　　　　　　　　　　蔵置税関　　　　　　貨物個数
　　　　(2)　　　　　　　　　　　　保税地域　　　　　　貨物重量
　　　　(3)　　　　　　　　　　　　　　　　　　　　　コンテナ本数
　　　　(4)　　　　　　　　　　　最初蔵入年月日　　　一括申告 [　]
　　　　(5)　　　　　　　　　　　貿易形態別符号　　　調査用符号
　　　　　　　　　　　　　　　　記号番号
船　卸　港
積　出　地
積載船機名
入　港年月日
貿易管理令 [　] 輸入承認証 [　]　　　仕入書番号　　　　-
関税法70条関係許可承認　　　　　　　仕入書(電子)　　-
共通管理番号　　　-　　　　　　　　　仕入書価格　　　- CIF - JPY -　　←
食品　　　　　　　-　　　　　　　　　運賃　　　　　　- JPY -
植防　　　　　　　-　　　　　　　　　保険　　　　　　-
動検　　　　　　　-　　　　　　　　　通関金額　　　　-
　　　　　　　　　　　　　　　　　　評価　　　　　　-
輸入承認証番号等　　　　　　　　　　補正　　　　　　-
1　　　　　　　　　2　　　　　　　　　　　　　　　　-
3　　　　　　　　　4　　　　　　　　　　　　　　　　-
5　　　　　　　　　6　　　　　　　　　　　　　　　　-
7　　　　　　　　　8　　　　　　　事前教示(評価)
9　　　　　　　　　10　　　　　　　BPR合計　　　　　　　　　　　　　　　計算 [　]
　　　　　　　　　　　　　　　　　原産地証明 [　]　戻税申告 [　]　内容点検結果 [　]

税科目　　　　　　税額合計　　欄数　　　納税額合計　　　　　　　通貨レート　　　-
D 関税　　　　　　　　　　　　　　　担保額
F 消費税　　　　　　　　　　　　　　口座　　　　　[F]　都道府県
A 地方消費税　　　　　　　　　　　　納付方法　　　[R]　　　　　構成　　枚　　欄

< 01 欄 > 統合先欄　　　　　　　　　品目番号　　　　　　　　　　価格再確認 [　]
品名　　　　　　　　　　　　　　　　数量(1)
税表番号　　　　　　　　　　　　　　数量(2)
申告価格(CIF)　　　　　　　　　　　課税標準数量
　　　　　　　　　　　　　　　　　　　　　　　　輸入令別表　　　　　　特恵 [　]
関税率　　　　　　　　　　　　　　　BPR按分係数
関税額　　　　　　　　　　　　　　　BPR金額
減免税額　　　　　　　　　　　　　　蔵置種別 [　]　運賃按分 [　]　原産地
減免税
令　　　　　　　　法　　　別表　　　事前教示(分類)　　　　　　(原産地)
- 内国消費税等(1)　消費税　　　　　　種別
　課税標準額　　　　　　　　　　　　課税標準数量
　税率　　7.8%
　税額　　　　　　　　　　　　　　　減免税
　減免税額　　　　　　　　　　　　　条項
- 内国消費税等(2)　地方消費税　　　　種別
　課税標準額　　　　　　　　　　　　課税標準数量
　税率　　22/78
　税額　　　　　　　　　　　　　　　減免税
　減免税額　　　　　　　　　　　　　条項

記事(税関)
記事(通関)　　　　　　　　　　　　　　　　　　　　　　　輸　入　者(入力)　　-
記事(荷主)　　　　　　　　　　　　　　　　　　　　　　　輸入取引者(入力)　　-
荷主セクションコード　　　　　　荷主Ref No.　　　　　　社内整理番号
　　　　　　　　　　　　　　　　　　　　　　　　　　　　利用者整理番号

[税関通知欄] 関税法第67条の規定により、あなたが申告した貨物の輸入を許可します。

　　　　　　　　　　　　　　　　　　　　　　　　　　　　　　　税関長

　　輸入許可日　　　　　　　　審査終了日　　　　　　　事後審査
(注) この申告による課税標準又は納付すべき税額に誤りがあることがわかったときは、修正申告又は更正の請求をするこ
　　とができます。なお、輸入の許可後、税関長の調査により、この申告による税額等を更正することがあります。
(注) この申告に基づく処分について不服があるときは、その処分があったことを知った日の翌日から起算して3月以内に
　　税関長に対して再調査の請求又は財務大臣に対して審査請求をすることができます。

吹き出し（図中の注記）：
- 輸入消費税の内訳が分からない場合はこの項目で確認しましょう。
- 仕入先からのインボイス価格、運賃や保険料はこの項目で確認できます。
- CIF価格は、この項目で確認できます。

8．輸入消費税の要点について

輸入消費税
の
要点

①何が消費税の課税の対象となるのか？

保税地域から引き取られる外国貨物が該当します。

②課税される貨物とは？

保税地域から引き取られる外国貨物のうち、非課税（別表第二の二）とされるもの以外が課税貨物となります。

③どこに納税するのか？

保税地域の所在地となります。

④何が課税標準となるのか？

輸入取引に係る消費税の課税標準＝CIF価格＋個別消費税等の額＋関税の額となります。

⑤税率は何％なのか？

消費税10％又は軽減税率8％が課されます。

⑥仕入税額控除の対象となる税額は？

課税貨物につき課された又は課されるべき消費税額となります。

⑦どんな申告書を提出するのか？

申告納税方式の場合には、納税申告書を提出します。
賦課課税方式の場合には、課税標準申告書を提出します。

3 関税の全体像

① 関税とは

関税とは、輸入品に課される税で、外国から輸入される貨物に対して課される一種の「消費税」となります。

その目的は次の2つに大別されています。

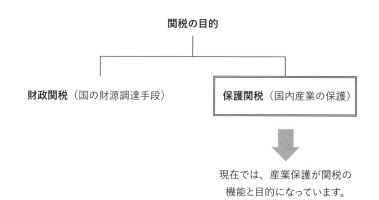

関税の目的

財政関税（国の財源調達手段） **保護関税**（国内産業の保護）

現在では、産業保護が関税の機能と目的になっています。

また、関税に関する法律として関税三法と呼ばれる「関税法」「関税定率法」「関税暫定措置法」の3つの法律があります。

関税三法

関税暫定措置法
国民経済の健全な発展に資するため、必要な物品の関税率の調整に関し、関税定率法及び関税法の暫定的特例が定められています。

関税定率法
関税の税率、関税を課する場合における課税標準及び関税の減免その他関税制度について定められています。

関税法
関税の確定、納付、徴収及び還付並びに貨物の輸出及び輸入について、税関手続きの適正な処理を図るために必要な事項が定められています。

② 関税の計算方法

1．課税標準と税率

輸入される貨物には、原則として関税や消費税等が課されますが、関税は輸入貨物の課税標準（課税価格又は課税数量）にその貨物に適用される関税率を乗じて算出されます。

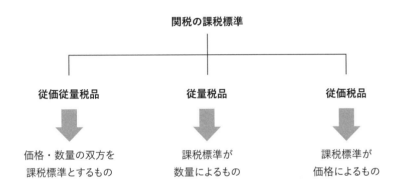

そして、課税標準となる価格を課税価格といい、輸入貨物の課税価格を法律の規定に従って決定することを関税評価といいます。

なお、税率については関税定率法に定める別表によるものとされており、適用される税率は、貨物の種類とその貨物の原産地を考慮して決定されます。

法律に基づいて定められている税率

- ・基本税率
- ・暫定税率
- ・特恵税率
- ・入国者の輸入貨物に対する簡易税率
- ・少額輸入貨物に対する簡易税率

関税率の種類

条約に基づいて定められている税率

- ・協定税率
- ・経済連携協定等に基づく税率（EPA税率）

※税率の適用順位

　税率は原則として、特恵税率→協定税率→暫定税率→基本税率の順に優先して適用されます。

　ただし、特恵税率は対象となる国の原産品であるなどの条件を満たす場合に限られ、協定税率は、それが暫定税率又は基本税率よりも低い場合に適用されます。

2．課税価格の決定方法

輸入貨物の課税価格は、基本的には、インボイス（仕入書）価格を基に計算される CIF 価格となりますが、取引の条件等によって次のような決定方法が設けられています。

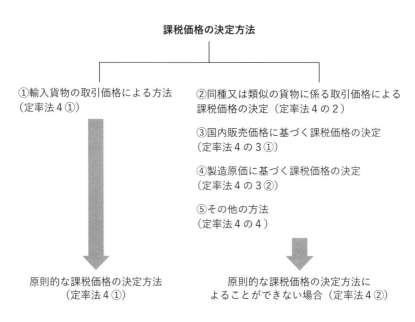

課税価格の決定方法

①輸入貨物の取引価格による方法
（定率法4①）

②同種又は類似の貨物に係る取引価格による
課税価格の決定（定率法4の2）

③国内販売価格に基づく課税価格の決定
（定率法4の3①）

④製造原価に基づく課税価格の決定
（定率法4の3②）

⑤その他の方法
（定率法4の4）

原則的な課税価格の決定方法
（定率法4①）

原則的な課税価格の決定方法に
よることができない場合（定率法4②）

【原則的な課税価格の決定方法】 （定率法4①）

原則的な課税価格の決定方法とは、輸入貨物に係る輸入取引がされた場合において、その輸入取引に関し買手により売手に対し又は売手のために、その輸入貨物につき現実に支払われた又は支払われるべき価格（現実支払価格）に、その含まれていない限度において運賃等の加算要素の額を加えた価格を課税価格とする方法をいいます。

課税価格＝**現実支払価格**＋加算要素（関税定率法に規定）

現実支払価格＝インボイス価格（仕入書価格）＋仕入書価格以外の現実支払価格
－控除すべき費用±調整される仕入書価格

輸入貨物の課税価格（A＋B）

A　現実に支払われた又は支払われるべき価格　〈定率法施行令1の4〉
（現実支払価格）

現実支払価格とは、輸入貨物につき、買手により売手に対し又は売手のために行われた又は行われるべき支払の総額（買手により売手のために行われた又は行われるべき当該売手の債務の全部又は一部の弁済その他の間接的な支払の額を含む。）をいう。

（1）仕入書価格

（2）仕入書価格以外の現実支払価格の構成要素（＋）

次のような別払金、債務の弁済又は相殺があり、仕入書価格に含まれていないときは、これらの別払等は、現実支払価格の一部を構成するので、仕入書価格に加算する。
〈定率法基本通達（以下「定基」という。）4－2（3）〉
- イ　仕入書価格のほか、輸入貨物の価格の一部の別払金がある場合
- ロ　輸入貨物の売手が第三者に対して負っている債務を買手が弁済することを考慮して仕入書価格が設定されている場合
- ハ　輸入貨物の売手が買手に対して負っている債務との相殺を考慮して仕入書価格が設定されている場合

（3）控除すべき費用等（－）

仕入書価格にその額が明らかな次のような現実支払価格を構成しない要素が含まれている場合には、控除する。
〈定率法施行令1の4〉
- イ　課税物件確定後の据付け、組立て、整備又は技術指導に要する役務の費用〈1号〉
- ロ　輸入港到着後の運送に要する運賃、保険料その他運送関連費用〈2号〉
- ハ　本邦で課される関税その他の公課〈3号〉
- ニ　輸入取引に係る延払金利〈4号〉

（4）価格調整条項付契約により調整される仕入書価格
〈定基4－2（3）ニ〉（＋・－）

価格調整条項付契約による輸入取引において仕入書価格が調整される場合には、調整後の価格が現実支払価格となる。

B　定率法第4条第1項各号に掲げる運賃等の額　　（加算要素）

（1）輸入港までの運賃等（＋）
〈定率法4①一、定率法施行1の5①〉
輸入貨物が輸入港に到着するまでの運送に要する運賃、保険料その他当該運送に関連する費用

（2）輸入貨物の輸入取引に関し買手により負担される次の費用等（＋）
〈定率法4①二〉
- イ　仲介料その他の手数料（買付けに関し当該買手を代理する者に対し、当該買付けに係る業務の対価として支払われるものを除く。）〈イ〉
- ロ　輸入貨物の容器の費用〈ロ〉
- ハ　輸入貨物の包装に要する費用〈ハ〉

（3）輸入貨物の生産及び輸入取引に関連して買手により無償で又は値引きをして直接又は間接に提供された物品又は役務のうち、次のものに要する費用（＋）
〈定率法4①三〉
- イ　輸入貨物に組み込まれている材料、部分品又はこれらに類するもの〈イ〉
- ロ　輸入貨物の生産のために使用された工具、鋳型又はこれらに類するもの〈ロ〉
- ハ　輸入貨物の生産の過程で消費された物品〈ハ〉
- ニ　輸入貨物の生産に必要とされた技術、設計、考案、工芸及び意匠であって本邦以外において開発されたもの〈ニ〉及び〈定率法施行令1の5③〉

（4）ロイヤルティ又はライセンス料（＋）
〈定率法4①四、定率法施行1の5⑤〉
輸入貨物に係る特許権、実用新案権、意匠権、商標権、著作権及び著作隣接権並びに特別の技術による生産方式その他のロイヤルティ又はライセンス料の支払いの対象となるもの（当該輸入貨物を本邦において複製する権利を除く。）の使用に伴う対価で当該輸入貨物に係る取引の状況その他の事情からみて当該輸入貨物の輸入取引をするために買手により直接又は間接に支払われるもの

（5）売手帰属収益（＋）
〈定率法4①五〉
輸入貨物の処分又は使用による収益で直接又は間接に売手に帰属するものとされているもの

（税関ホームページより）

【原則的な課税価格の決定方法によることができない場合】

（定率法4②）

　輸入貨物の課税価格の決定方法には、62ページの図の①〜⑤の方法があります。このうち、①が原則的な方法となっており、この方法が適用されない場合には、②→⑤の順で適用されていきます。

　ただし、輸入者が希望する場合には、③と④の適用順序を入れ替えることもできます。

　なお、原則的な課税価格の決定方法によることができない場合とは、次のようなケースをいいます。

・輸入取引によらない輸入貨物

　　例：無償貨物

　　　　委託販売のために輸入される貨物

　　　　賃貸借契約により輸入される貨物

　　　　本支店間の取引により輸入される貨物など

・特別な事情がある場合

　　例：買手による輸入貨物の処分又は使用に制限がある場合

　　　　輸入貨物の課税価格の決定を困難とする条件が輸入取引に設けられている場合

　　　　買手による輸入貨物の処分又は使用による収益にうち、売手に帰属する収益があり、その額が明らかでない場合など

・輸入貨物の課税価格について疑義が解明されない場合

　　例：輸入貨物の課税価格を計算するために、輸入者から提出された書類について疑義があり、補足説明や追加資料でもその疑義が解明されない場合など

・売手と買手とが特殊関係（出資関係にある場合など）にあり、その関係が取引価格に影響を与えている場合など

〈課税価格の計算方法〉

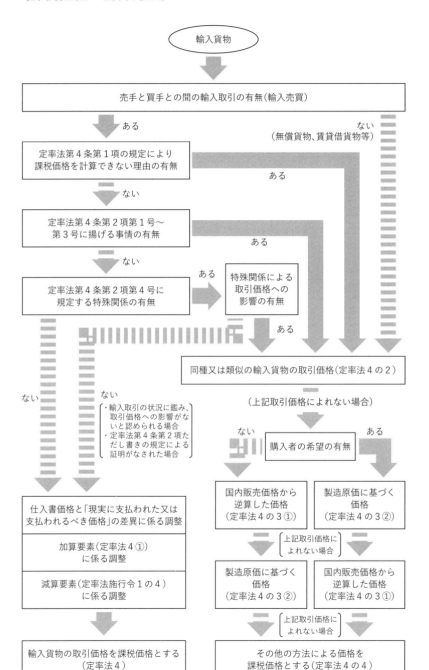

輸入貨物

売手と買手との間の輸入取引の有無（輸入売買）

ある

ない
（無償貨物、賃貸借貨物等）

定率法第4条第1項の規定により
課税価格を計算できない理由の有無

ある

ない

定率法第4条第2項第1号～
第3号に揚げる事情の有無

ある

ない

定率法第4条第2項第4号に
規定する特殊関係の有無

ある

特殊関係による
取引価格への
影響の有無

ある

同種又は類似の輸入貨物の取引価格（定率法4の2）

ない

ない
・輸入取引の状況に鑑み、
取引価格への影響がな
いと認められる場合
・定率法第4条第2項ただ
し書きの規定による
証明がなされた場合

（上記取引価格によれない場合）

ない

購入者の希望の有無

ある

仕入書価格と「現実に支払われた又は
支払われるべき価格」の差異に係る調整

加算要素（定率法4①）
に係る調整

減算要素（定率法施行令1の4）
に係る調整

国内販売価格から
逆算した価格
（定率法4の3①）

製造原価に基づく
価格
（定率法4の3②）

上記取引価格に
よれない場合

製造原価に基づく
価格
（定率法4の3②）

国内販売価格から
逆算した価格
（定率法4の3①）

上記取引価格に
よれない場合

輸入貨物の取引価格を課税価格とする
（定率法4）

その他の方法による価格を
課税価格とする（定率法4の4）

（税関ホームページより）

③ 評価申告制度について

1．評価申告とは

　評価申告とは、税関への納税申告の際に、申告書に添付される仕入書や運賃明細書等のみでは、課税価格の計算の基礎が明らかにできない場合に、課税価格の計算に必要な事項を申告するものです。

　実際に税関の税務調査を受けた会社にヒアリングをしたところ、調査の際に、輸入貨物について適切に評価申告ができておらず修正申告を求められたケースが散見されました。

　実務上は、通関業者に依頼する業務となりますが、調査に関連している項目となりますので、以下に要点をまとめることとします。

2．評価申告書の提出の要否

提出の要否

評価申告書の提出を要しない場合

評価申告書の提出を要する場合

次のような場合には、右の原則に該
当する場合でも評価申告書の提出は
必要ありません。
・納税申告に係る貨物の関税が無税
　（免税）又は従量税である場合
・納税申告に係る貨物の仕入書ごと
　の課税価格の総額が100万円以下
　である場合（同一人との間に継続
　して行われる輸入取引に係るもの
　である場合等を除く。）
（注）　評価申告書の提出が不要とさ
　　　れる場合であっても、関税定率
　　　法に定められている方法に従っ
　　　て課税価格を計算する必要があ
　　　ります。

原則として、次のような場合に評価
申告書を提出することが必要となり
ます。
・輸入取引に係る仕入価格と現実支
　払価格とが一致しない場合
・輸入取引に関連して加算要素（仕
　入書、運賃明細書等によりその額
　が明らかなものを除く。）がある
　場合
・特殊関係者にある売手と買手との
　輸入取引であって、当該特殊関係
　者が取引価格に影響を与えている
　場合
・輸入取引に関して特別な事情があ
　る場合や輸入取引によることがで
　きない貨物であるため、原則的な
　課税価格の決定方法以外の方法に
　より課税価格を計算する場合

3．評価申告の種類

　評価申告は、納税申告の度に評価申告書を提出する個別申告と、個々
の納税申告に先立って行う包括評価申告があります。

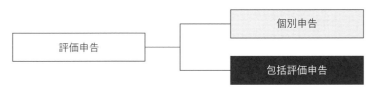

　包括評価申告は、同一の内容の輸入取引が継続して行われる場合に、
前もって課税価格の計算方法を記載した包括評価申告書を提出すれ

ば、その適用期間内（最長2年間）は、個々の納税申告の際の評価申告を省略することができる制度です。

　なお、包括評価申告を行う場合は、必要事項を記載した評価申告書2通（原本及び交付用）を、輸入貨物の主要な輸入申告予定地を管轄する税関に提出する必要があります。

4．評価申告書の様式と使用区分

　評価申告は、課税価格の計算方法ごとに、次の評価申告書を提出することにより行います。

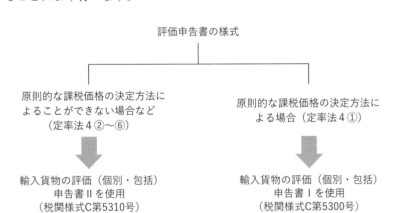

評価申告書の様式

原則的な課税価格の決定方法によることができない場合など（定率法4②〜⑥）

↓

輸入貨物の評価（個別・包括）申告書Ⅱを使用（税関様式C第5310号）

原則的な課税価格の決定方法による場合（定率法4①）

↓

輸入貨物の評価（個別・包括）申告書Ⅰを使用（税関様式C第5300号）

〈評価申告書提出の要否と使用区分〉

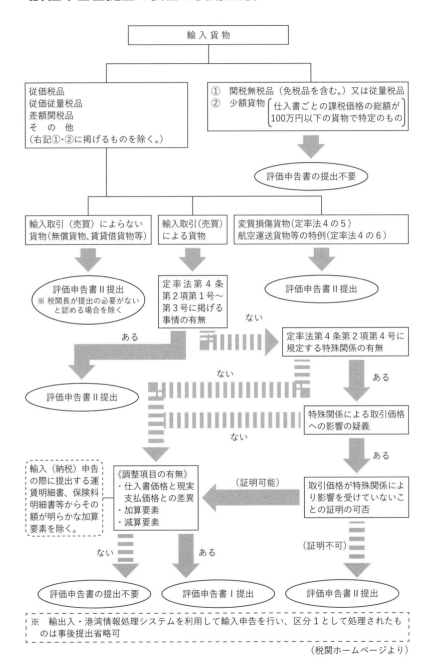

輸入貨物

従価税品
従価従量税品
差額関税品
そ　の　他
（右記①・②に掲げるものを除く。）

① 関税無税品（免税品を含む。）又は従量税品
② 少額貨物　仕入書ごとの課税価格の総額が
100万円以下の貨物で特定のもの

評価申告書の提出不要

輸入取引（売買）によらない
貨物（無償貨物、賃貸借貨物等）

輸入取引（売買）
による貨物

変質損傷貨物（定率法4の5）
航空運送貨物等の特例（定率法4の6）

評価申告書Ⅱ提出
※ 税関長が提出の必要がない
と認める場合を除く

定率法第4条
第2項第1号～
第3号に掲げる
事情の有無

評価申告書Ⅱ提出

ある

ない

定率法第4条第2項第4号に
規定する特殊関係の有無

評価申告書Ⅱ提出

ない

ある

ない

特殊関係による取引価格
への影響の疑義

ある

輸入（納税）申告
の際に提出する運
賃明細書、保険料
明細書等からその
額が明らかな加算
要素を除く。

《調整項目の有無》
・仕入書価格と現実
　支払価格との差異
・加算要素
・減算要素

（証明可能）

取引価格が特殊関係によ
り影響を受けていないこ
との証明の可否

ない

ある

（証明不可）

評価申告書の提出不要

評価申告書Ⅰ提出

評価申告書Ⅱ提出

※　輸出入・港湾情報処理システムを利用して輸入申告を行い、区分1として処理されたもの
　は事後提出省略可

（税関ホームページより）

5．計算例

　ここまで、関税の基本的な仕組みについて解説を行いましたが、最後に計算例を紹介したいと思います。

　Aは、消費税10％の輸入貨物でBは消費税軽減税率8％の輸入貨物となっています。

　端数処理の方法も合わせて確認しましょう。

・具体的な計算方法（税関ホームページより）

AのCIF価格534,795円　関税率14％
BのCIF価格126,258円　関税率14％

輸入取引に係る消費税の課税標準	=	関税定率法の規定に準じて算出した価格（CIF価格）	+	消費税以外の個別消費税等の額	+	関税の額

① 　関税の計算

A　　534,795円　→　　534,000円　　×　14％　=　74,760円　→　　74,700円
　　　　　　　　　　（千円未満切捨）　　　　　　　　　　　　　　（百円未満切捨）

B　　126,258円　→　　126,000円　　×　14％　=　17,640円　→　　17,600円
　　　　　　　　　　（千円未満切捨）　　　　　　　　　　　　　　（百円未満切捨）

消費税額	=	輸入取引に係る消費税の課税標準	×	消費税率

② 　消費税額の計算

A　　534,795円＋74,700円＝609,495円　→　　609,000円
　　　　　　　　　　　　　　　　　　　　（千円未満切捨）

　　　609,000円×7.8%　　　　　　　＝　　　47,502円　→　　47,500円
　　　　　　　　　　　　　　　　　　　　　　　　　　（百円未満切捨）

B　　126,258円＋17,600円＝143,858円　→　　143,000円
　　　　　　　　　　　　　　　　　　　　（千円未満切捨）

　　　143,000円×6.24%　　　　　　　＝　　　8,923円　→　　8,900円
　　　　　　　　　　　　　　　　　　　　　　　　　（百円未満切捨）

地方消費税額	=	消費税額	×	22/78

③ 　地方消費税額の計算

A　　47,500円　×　　22/78　=　　13,397円
　　　　　　　　　　　　　　　　（円未満切捨）

B　　 8,900円　×　　22/78　=　　 2,510円
　　　　　　　　　　　　　　　　（円未満切捨）

④　　納付税額

関税　　　74,760円＋17,640円＝92,400円　→　92,400円 ⎫
消費税　　47,502円＋ 8,923円＝56,425円　→　56,400円 ⎬ 百円未満切捨
地方消費税　13,397円＋ 2,510円＝15,907円　→　15,900円 ⎭

（参考）消費税及び地方消費税の税率

税率区分	標準税率	軽減税率
消費税率	7.8%	6.24%
地方消費税率	2.2% （消費税額の22/78）	1.76% （消費税額の22/78）
合計	10%	8%

　税関の税務調査では、適用されている税率や関税評価が正しかったのかどうかが調査されることとなります。

　そして、調査の結果によっては、当初の税関への申告について修正申告が行われ輸入に係る消費税等についても追加で納付が発生するなどの影響が生じます。

　調査での否認事項の多くは、加算要素の計上漏れや二重インボイスによる低価申告（アンダーバリュー）となっていますが、本節の項目を理解したうえで次章の調査事例を確認すると、よりイメージが掴みやすくなると思われます。

【税理士と通関業者の独占業務】

　税理士の業務とは、税理士法第2条において、税理士は、「他人の求めに応じ、租税に関し、次に掲げる事務を行うことを業とする」と定められています。

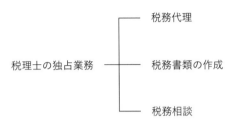

　なお、対象となる租税の範囲からは、印紙税、登録免許税、関税、法定外普通税、法定外目的税、その他の政令で定めるものを除くとされています。

　そして、通関業者が行う業務については、通関業法第2条に定められています。

　この通関業者が他人の依頼によって行う通関手続き等を通関業務といいます。

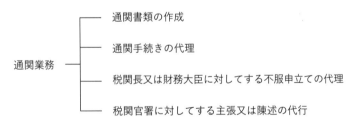

※通関手続きとは、関税法その他関税に関する法令に基づき税関官署に対してする申告又は承認の申請からそれぞれの許可又は承認を得るまでの手続き（関税の確定及び納付に関する手続きを含む。）のことをいいます。

　通関業務は通関業法上、通関業の許可を受けた通関業者のみが行う

ことができる独占業務となっています。

　なお、通関業法第14条において、通関業者は、他人の依頼に応じて税関官署に提出する通関書類のうち政令で定めるものについては、通関士にその内容を審査させ、かつ、これに記名させなければならないとされています。

　この審査と記名については、通関士の独占業務と呼ばれています。

　このように、関税については、税理士の扱う業務から除かれており、原則として通関業者が行うものとされています。

　関税に関する専門的な相談や税関への手続きは通関業者に依頼しましょう。

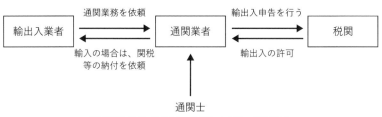

（通関業法31①《通関士の確認》を受けて通関業者の
通関事務に従事する者をいいます。）

※通関業者とは、財務大臣の許可を受けて通関業を営む者のことをいいます。ほとんどが法人ですが、通関業法では、法人に限定する規定はなく、個人であっても許可を受けることができます。
　また、通関業者は、通関業務を適正に行うため、その通関業務を行う営業所ごとに、政令で定めるところにより、原則として通関士を置かなければならないとされています。（通関業法13）

【コラム】消費税還付申告のお尋ね

　貿易取引を行っている会社では、輸出免税売上の割合が多いことから、消費税について還付申告を行う場合があります。

　また、恒常的に還付申告を行う事業者の場合、資金繰り等の関係から早期に還付を受けるために消費税の課税期間の短縮を選択されるケースも多いかと思われます

　このように恒常的な還付申告があり、還付される消費税額が大きい事業者については、申告後に税務署から還付申告の内容についてお尋ねが来る場合があります。

　具体的には、申告の基礎となった輸出取引や国内の課税仕入れに関する輸出許可通知書や証憑書類、消費税申告の集計表、試算表などをもとに30分から1時間ほど面談等により質疑応答を受けることとなります。

　これらは税務調査ではなく行政指導の一環として実施されるものですが、感覚的にはミニ調査を受けるようなもので、コロナ前よりも問い合わせの頻度が増えているように感じております。

　恐らく架空の輸出免税売上や国内の課税仕入れを計上する消費税不正還付事案が増えている影響もあるかと拝察されますが、早々に還付原因の説明に対応しないと還付保留が継続してしまい、クライアントからのクレームに発展する可能性もあるので、申告の都度、証憑書類や根拠資料の説明ができるように準備しておくのが望ましいといえるでしょう。

■ 消費税還付申告法人に対する消費税の実地調査の状況

	平成30年度 (平成30年7月～ 令和元年6月)	令和元年度 (令和元年7月～ 令和2年6月)	令和2年度 (令和2年7月～ 令和3年6月)	令和3年度 (令和3年7月～ 令和4年6月)	令和4年度 (令和4年7月～ 令和5年6月)
実地調査件数	6,553件	5,838件	3,066件	4,252件	5,810件
非違があった件数	3,687件	3,334件	2,073件	2,877件	3,588件
非違率	56.20%	57.10%	67.60%	67.60%	61.70%
調査による追徴税額（地方消費税、加算税を含む）	175億円	213億円	219億円	372億円	563億円
調査1件あたりの追徴税額	2,664千円	3,641千円	7,143千円	8,738千円	9,690千円

（国税庁ホームページより）

2章 | 税関の税務調査

1 税関の全体像

① 税関の組織

　税関は、関税等の徴収、輸出入貨物の通関、密輸の取締りなどを行う国の行政機関で、財務省の地方支分部局として、函館、東京、横浜、名古屋、大阪、神戸、門司、長崎の8税関と沖縄地区税関が設置されています。

■ **財務省機構図**（令和5年7月現在）

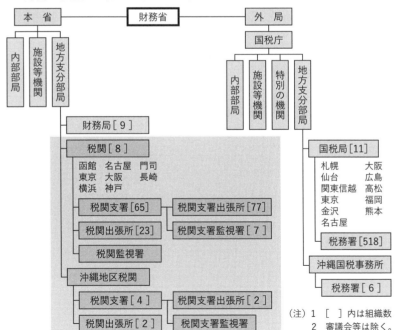

（注）1　［　］内は組織数
　　　2　審議会等は除く。

そして、各税関には支署69か所、出張所104か所及び監視署9か所が設置されており、10,178人の職員が働いています（令和5年7月1日現在）。

なお、各国税局・沖縄国税事務所及び税務署の職員数は、54,101人となっています（令和4年度）。

■ **税関の管轄区域** （令和5年7月1日現在）

税関名	管轄区域
函 館 税 関	北海道　青森県　岩手県　秋田県
東 京 税 関	山形県　群馬県　埼玉県　千葉県のうち市川市原木及び原木一丁目から原木四丁目まで、成田市、香取郡多古町及び山武郡芝山町　東京都　新潟県　山梨県
横 浜 税 関	宮城県　福島県　茨城県　栃木県　千葉県（東京税関の管轄に属する地域を除く。）　神奈川県
名 古 屋 税 関	長野県　岐阜県　静岡県　愛知県　三重県
大 阪 税 関	富山県　石川県　福井県　滋賀県　京都府　大阪府　奈良県　和歌山県
神 戸 税 関	兵庫県　鳥取県　島根県　岡山県　広島県　徳島県　香川県　愛媛県　高知県
門 司 税 関	山口県　福岡県（長崎税関の管轄に属する地域を除く。）佐賀県のうち唐津市、伊万里市、東松浦郡及び西松浦郡　長崎県のうち対馬市及び壱岐市　大分県　宮崎県
長 崎 税 関	福岡県のうち大牟田市、久留米市、柳川市、八女市、筑後市、大川市、小郡市、うきは市、みやま市、三井郡、三潴郡及び八女郡　佐賀県（門司税関の管轄に属する地域を除く。）　長崎県（門司税関の管轄に属する地域を除く。）熊本県　鹿児島県
沖縄地区税関	沖縄県

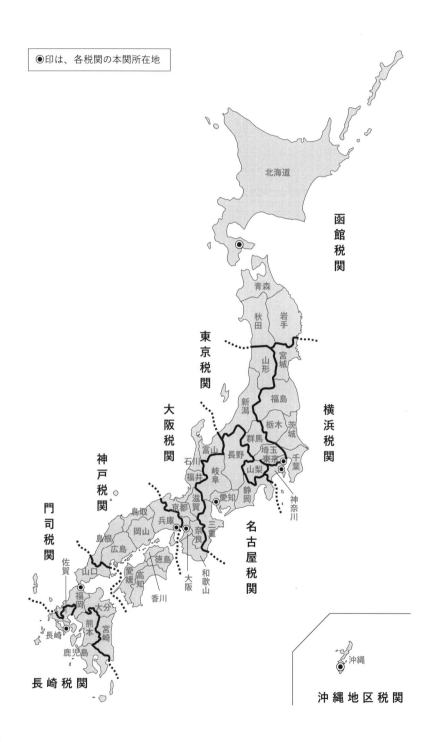

◉印は、各税関の本関所在地

北海道

函館税関

青森
秋田　岩手
宮城
山形
東京税関
新潟　福島
栃木　茨城
群馬
富山　長野　埼玉
石川　岐阜　山梨　東京　千葉
福井　滋賀　静岡　神奈川
愛知

横浜税関

大阪税関

神戸税関

門司税関

鳥取
島根　岡山　京都　兵庫　奈良　三重
広島　　　　　　　　　　名古屋税関
佐賀　山口　徳島　香川　大阪　和歌山
　　　　　　愛媛　高知
福岡　大分
長崎　熊本
　　　宮崎
鹿児島

長崎税関

沖縄

沖縄地区税関

078

■ 税関の組織及び事務 （令和5年7月1日現在）

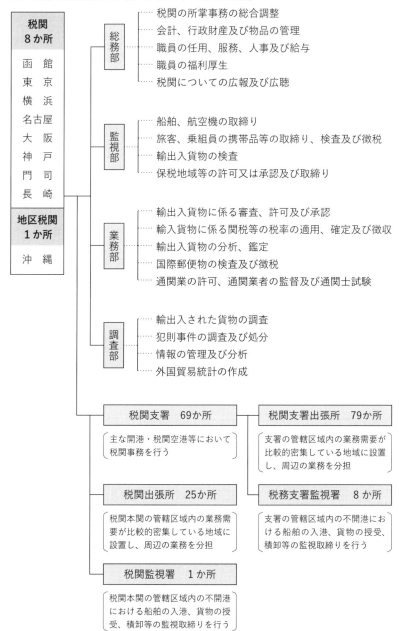

税関 8か所
函　館 東　京 横　浜 名古屋 大　阪 神　戸 門　司 長　崎

地区税関 1か所
沖　縄

総務部
…… 税関の所掌事務の総合調整
…… 会計、行政財産及び物品の管理
…… 職員の任用、服務、人事及び給与
…… 職員の福利厚生
…… 税関についての広報及び広聴

監視部
…… 船舶、航空機の取締り
…… 旅客、乗組員の携帯品等の取締り、検査及び徴税
…… 輸出入貨物の検査
…… 保税地域等の許可又は承認及び取締り

業務部
…… 輸出入貨物に係る審査、許可及び承認
…… 輸入貨物に係る関税等の税率の適用、確定及び徴収
…… 輸出入貨物の分析、鑑定
…… 国際郵便物の検査及び徴税
…… 通関業の許可、通関業者の監督及び通関士試験

調査部
…… 輸出入された貨物の調査
…… 犯則事件の調査及び処分
…… 情報の管理及び分析
…… 外国貿易統計の作成

税関支署　69か所
主な開港・税関空港等において 税関事務を行う

税関支署出張所　79か所
支署の管轄区域内の業務需要が 比較的密集している地域に設置 し、周辺の業務を分担

税関出張所　25か所
税関本関の管轄区域内の業務需 要が比較的密集している地域に 設置し、周辺の業務を分担

税務支署監視署　8か所
支署の管轄区域内の不開港にお ける船舶の入港、貨物の授受、 積卸等の監視取締りを行う

税関監視署　1か所
税関本関の管轄区域内の不開港 における船舶の入港、貨物の授 受、積卸等の監視取締りを行う

2章 税関の税務調査

■ 参考：税関一般職のキャリアの例

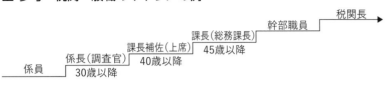

■ 税関職員の階級章の序列

1　税関長
2　部長
3　部次長及び同相当職
4　本関課長及び同相当職
5　本関課長補佐及び同相当職
6　本関係長及び同相当職
7　一般職員（特に高度の知識又は経験を必要とする業務を行う職員）
8　一般職員（相当高度の知識又は経験を必要とする業務を行う職員）
9　一般職員（定型的な業務を行う職員）

（階級章：抜粋）

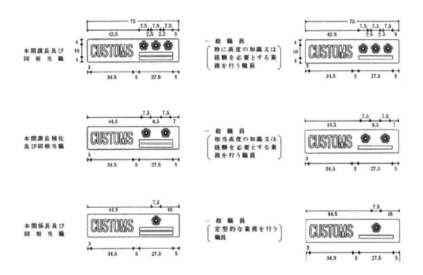

② 税関の役割

　税関は、国内の関係機関や各国の税関や国際機関と連携・協力をしながら次の3つの使命の実現のために業務を行っています。

●税関の3つの使命

適正かつ公平な 関税等の徴収		税関が徴収する関税等は、国税収入の約1割を占めており、適正な賦課徴収と納税環境の整備に取り組んでいます。
安全・安心な社会の実現		薬物や銃器、テロ関連物品や知的財産侵害物品等の社会の安心安全を脅かす物品等の密輸出入を水際で取締まっています。
貿易円滑化の推進		貿易の秩序維持と健全な発展のために、手続きやシステム運営等の改善を行うなど、貿易の円滑化に取り組んでいます。

> これに対して国税庁は、「納税者の自発的な納税義務の履行を適正かつ円滑に実現する。」ことを使命に掲げています。そして、その達成のために　①内国税の適正かつ公平な賦課及び徴収の実現　②酒類業の健全な発達　③税理士業務の適正な運営の確保を任務としています。同じ税に関する行政機関ですが、似ているようでそれぞれに異なる目的があります。

③ 税関の仕事

　税関の仕事は、「税」的な業務と「関」的な業務があると言われており、麻薬探知犬を使った麻薬捜査や海上パトロール、大型X線検査装置を使った貨物検査など広範囲に及びます。

　このうち本書では、輸入通関に関する分野を扱っておりますが、税

関では日々海外から日本国へ輸入される貨物の輸入申告が正しく行われているかどうかを審査しています。

審査には、貨物が食品衛生法、植物防疫法など法令の手続きを不備なく行っているか確認する作業も含まれており、これら机上の審査だけではなくX線などの分析装置による貨物検査も行うことにより、麻薬や拳銃など社会へ悪影響を与える物品の流入を防いでいます。

また、関税等の申告納税が行われるにあたり、関税評価や品目の分類について納税者へ事前教示制度を通して情報提供を行い、公平な課税の観点から申告納税の内容が正しいのかどうか調査を行っています。

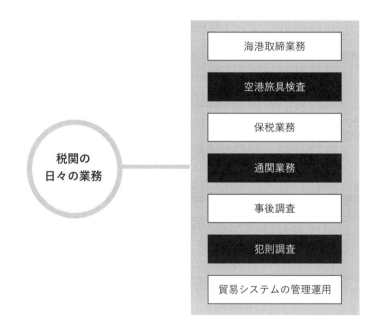

2 税関の税務調査の概要

① 税関の税務調査

税関により行われる「事後調査」とは、輸出者又は輸入者の事業所等を税関職員が個別に訪問する等して、関係する帳簿や書類等の確認を行う調査のことをいいます。

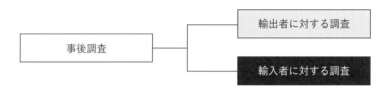

輸出者に対して行われる調査とは、輸出された貨物にかかる手続きが関税法等関係諸法令の規定に従って、正しく行われているか否かを確認し、不適正な申告を行った者に対しては適切な申告を行うように指導を行い、さらに、企業における適正な輸出管理体制・通関処理体制の構築を促すことで、適正かつ迅速な輸出通関の実現を目的としたものです。

また、輸入者に対する調査とは、輸入貨物の通関後における税関による税務調査のことであり、輸入された貨物に係る申告が適正に行われているか否かを事後的に確認し、不適正な申告はこれを是正するとともに、輸入者に対する適切な申告指導を行うことにより、適正な課税を確保することを目的とするものです。

このように事後調査には、2種類の調査がありますが、本書では輸入者に対して行われるものを中心に説明を行います。

② 調査制度の沿革

　税関の歴史は長く、1872年11月28日に前身となる運上所から「税関」に改称が行われました。そして、運上所が設立されてから2022年で創立150周年を迎えることとなりました。

　このような歴史の中で、事後調査制度が始まったのは、1968年1月とされています。

　1950年代後半から1960年代にかけて日本は、高度経済成長と貿易の自由化により貿易取引の金額も右肩上がりに伸びており、件数の増加のため、税関が関税額を決定する賦課課税方式では対応が困難となってきたことから、1966年10月に申告納税方式が導入されることとなりました。

　また、同時期に納税者の申告納税の手助けとなる事前教示制度の導入も行われました。

　なお、税務署の設立については、1896年11月となっています。

　そして、申告納税制度の導入により輸入申告から許可が降りるまでの期間は大幅に短くなり、多くの貨物が1日で輸入許可を受けることができるようになりましたが、税額の計算や法令の適用間違いも多いことから当初申告が正しい申告であったかどうかを帳簿書類等を基に確認する事後調査制度が導入されることとなりました。

③ 法的な根拠

　事後調査を行う法的な根拠は、関税法第105条第1項第6号にあります。なお、内国消費税に対する調査については、輸入品に対する内国消費税の徴収等に関する法律第22条に基づいて行われています。

関税法第105条第1項（税関職員の権限）

　税関職員は、…その必要と認められる範囲内において、次に掲げる行為をすることができる。

一～五　…

六　輸入された貨物について、その輸入者、その輸入に係る通関業務を取り扱った通関業者、当該輸入の委託者、不当廉売（…）された貨物（…）の国内における販売を行った者その他の関係者（…）に質問し、当該貨物若しくは当該貨物についての帳簿書類その他の物件を検査し、又は当該物件（その写しを含む。）の提示若しくは提出を求めること

　事後調査は任意の調査ではありますが、下記のような行為に対して罰則規定を設けることにより間接的な強制力が働いているものといえます。

関税法第114条の2

　次の各号のいずれかに該当する者は、1年以下の懲役又は50万円以下の罰金に処する。

十六　第105条第1項（税関職員の権限）の規定による税関職員の質問に対して答弁せず、若しくは偽りの陳述をし、又はその職務の執行を拒み、妨げ、若しくは忌避した者

十七　第105条第1項第4号の2又は第6号の規定による物件の提示又は提出の要求に対し、正当な理由がなくこれに応じず、又は偽りの記載若しくは記録をした帳簿書類その他の物件（その写しを含む。）を提示し、若しくは提出した者

なお、どのような場合が正当な理由に該当するかについては、個別の事案ごとに対応が取られます。最終的には裁判所が判断することになりますが、例えば提示・提出を求めた帳簿書類等が、災害等により滅失・毀損するなどして、直ちに提示・提出することが物理的に困難であるような場合などが該当するものと考えられます。

　このように税関職員には、質問検査権に基づく調査権限が与えられる一方で国家公務員法第100条第1項、第109条第12号による守秘義務が課されています。

　この法令により調査官が調査により知り得た対象者の調査内容や個人情報は退職後も他に漏らすことは禁じられています。

国家公務員法第100条（秘密を守る義務）

　職員は、職務上知ることのできた秘密を漏らしてはならない。その職を退いた後といえども同様とする。

国家公務員法第109条

　次の各号のいずれかに該当する者は、1年以下の懲役又は50万円以下の罰金に処する。

十二　第100条第1項若しくは第2項又は第106条の12第1項の規定に違反して秘密を漏らした者

○どの部署が担当するのか

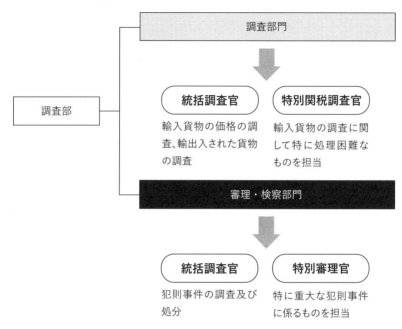

　事後調査は、税関の組織のうち調査部が担当します。

　税関の規模にもよりますが、主要な税関では、調査部全体で100名前後の人員で構成されます。各部門は、さらに調査第1～10部門などグループ分けがされており、それぞれ4～6名の職員が配置されています（4名の場合〔統括官、上席、調査官2名〕など）。

　そして、各グループごとに役割があり、調査部全体を統括・管理する担当や審査や輸出調査を専門に行うもの、審理・検察部門においては麻薬などの社会悪事を担当するものもあります。

　この他にも、外国貿易統計の作成を担当するグループや調査情報を

収集するグループもあり、輸出入貨物、船舶、航空機及び旅客の取締りに関する情報や犯則事件に関する情報の管理及び分析を担当しています。

　なお、事後調査は、通常２〜４名体制で実施されますが、規模の大きな輸入者に対しては、さらに何名か増員が行われ６〜８名体制となることもあるようです。

■ 調査部門　職員のスケジュール例

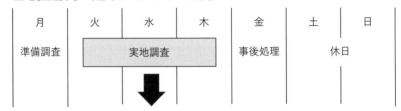

月	火	水	木	金	土	日
準備調査	実地調査			事後処理	休日	

8:30　業務を開始し、調査に必要な資料の準備や着眼点、確認事項の整理を行います。

9:00　調査先へ出発

10:00　調査先へ到着し、事後調査が開始します。初日は会社の概況等を聞きながら着眼点や確認事項の絞り込みを行います。

13:00　書類や帳簿の調査を行います。

15:00　調査先の担当者と問題点について確認を行い、最終日には結果の説明や指導を行います。

17:00　事務所へ戻り、調査で収集した資料の整理等を行い業務を終了します。

○調査の立会いについて

　事後調査への対応は、基本的にその会社の役員や経理又は輸入担当者が行うものとなっています。

　また、調査に立ち会って輸入者の代わりに税関に対して調査内容について主張・陳述を業として行うことは通関業務に該当することから、原則として立会いは、通関業者等しか行うことができないものとされています。

　なお、通関業者の他には、弁護士や弁護士法人、事案によっては弁理士及び特許法人も立会いをすることができます。

　そのため、税理士やコンサルタントなど通関業者等以外の第三者の立会いについては、税関職員に課された守秘義務に抵触する可能性があり断られることとなります。ただし、その者が日頃から輸入者の記帳事務等を担当しているような場合には、調査を円滑に進めるために、調査担当者が必要と認めた範囲で調査への同席が許されることもあるようです。

　このようなことから、税理士がクライアントの事後調査に同席するというケースも存在しています。

　クライアントに同席を求められた場合は、担当調査官に確認を行い、事前に許可を得ておくのが望ましいと考えられます。

○事後調査のスケジュール

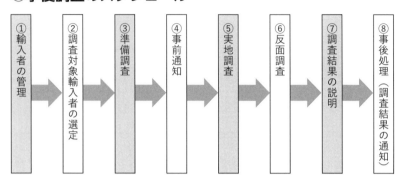

①輸入者の管理 → ②調査対象輸入者の選定 → ③準備調査 → ④事前通知 → ⑤実地調査 → ⑥反面調査 → ⑦調査結果の説明 → ⑧事後処理（調査結果の通知）

※実地調査は、臨場調査、立入調査とも呼ばれます。
※反面調査は、調査官が必要と判断した際に実施されます。

　調査の全体的なスケジュールや日程については、税務署の税務調査と似ているところがあります。

○輸入者の管理から調査対象者の選定と準備調査まで

　税関では、調査部門が調査対象輸入者の管理を行っていますが、各税関への振り分けについては、輸入者の所在地、主たる通関官署、納税規模、業種等を基準として事務運営がされています。

① 輸入者の管理

　輸入者の管理について、調査部のうち調査情報を担当する部署では、輸入貨物の市場価格調査や業種ごとの商慣行、輸出入の動向調査を行い情報収集や分析を行っています。

　また、調査部門のうち実地調査を行う部門では、調査対象輸入者の輸出入実績や過去の調査履歴、情報収集してきたデータ等を基に納税額の規模や質的な重要性の観点から調査の企画立案が行われています。

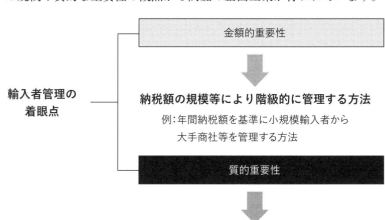

　近年の事後調査の実績は次の通りとなっており、令和元年度から令和2年度にかけて調査件数が大幅に減少していますが、これは新型コロナウイルスの流行により調査の中止や延期等が行われた影響によるものです。

　同時期には、税務署による税務調査の件数も激減していました。

　次の図のように、令和3年度以降は前年に比べて調査件数も倍増し

ており、今後は新型コロナウイルスの扱いが5類感染症へ変更された
ことから調査件数の更なる増加が見込まれます。

	平成30年度 (平成30年7月1日~ 令和元年6月30日)	令和元年度 (令和元年7月1日~ 令和2年6月30日)	令和2年度 (令和2年7月1日~ 令和3年6月30日)	令和3年度 (令和3年7月1日~ 令和4年6月30日)	令和4年度 (令和4年7月1日~ 令和5年6月30日)
調査を行った 輸入者	4,079者	3,361者	715者	1,484者	3,312者
申告漏れ等の あった輸入者	3,231者	2,723者	600者	1,118者	2,437者
非違率	79.20%	81.00%	83.90%	75.30%	73.50%
申告漏れ等に 係る課税価格	1,549億円	1,231億円	630億円	591億円	884億円
追徴税額 (関税、内国消費税、 加算税を含む)	143億円	116億円	66億円	64億円	98億円

（財務省ホームページより）

　税関の税務調査は非違の発生割合が高く、ここ5年間の平均は約
78％に及びます。

　中でも、令和2年度は、調査対象を絞った重点的な調査が行われた
ことから特に高い数値となっています。

　過去には調査件数が約6,200件行われた年度もあり、近年の調査件
数自体は減少傾向にありますが非違率が高くなっている傾向にありま
す。

　また、納付不足税額が多い品目は次の通りとなっています。

	平成30年度 (平成30年7月1日～ 令和元年6月30日)	令和元年度 (令和元年7月1日～ 令和2年6月30日)	令和2年度 (令和2年7月1日～ 令和3年6月30日)	令和3年度 (令和3年7月1日～ 令和4年6月30日)	令和4年度 (令和4年7月1日～ 令和5年6月30日)
1位	電気機器	電気機器	光学機器等	電気機器	光学機器等
2位	光学機器等	光学機器等	電気機器	光学機器等	自動車等
3位	自動車	機械類	機械類	医療用品	電気機器
4位	機械類	たばこ	糖類	自動車等	機械類
5位	有機化学品	プラスチック	織物衣類	機械類	履物類

（財務省ホームページより）

　このうち電気類、機械類、光学機器等が従前から常に上位にあります。

　これらの業種についてはいわゆる逆委託加工貿易による取引が多く、開発費用や関税定率法第4条第1項第3号に掲げられている材料、部分品、工具、鋳型等の課税価格への計上漏れが頻発している傾向が見受けられます。

　他にも平成24年頃は、豚肉の差額関税制度に関する非違が多く肉類が1位にありました。追徴税額もこの頃が約396億円と非常に多かった記録があります。

　なお、近年の税務署の税務調査の統計については、次の図解の通りです。

　調査件数や追徴税額については、税務署の方が金額は大きいですが、非違率は、約75％となっており税関の調査の方が高い割合となっています。

■ 法人税の実地調査の状況

	平成30年度 (平成30年7月～ 令和元年6月)	令和元年度 (令和元年7月～ 令和2年6月)	令和2年度 (令和2年7月～ 令和3年6月)	令和3年度 (令和3年7月～ 令和4年6月)	令和4年度 (令和4年7月～ 令和5年6月)
実地調査件数	99千件	76千件	25千件	41千件	62千件
非違があった件数	74千件	57千件	20千件	31千件	47千件
非違率	74.70%	75.00%	80.00%	75.60%	75.80%
申告漏れ所得金額	13,813億円	7,802億円	5,286億円	6,028億円	7,801億円
調査による追徴税額（地方法人税、加算税を含む）	1,943億円	1,644億円	1,207億円	1,438億円	1,868億円

（国税庁ホームページより）

■ 不正発見割合の高い業種 （法人税）

	平成30年度 (平成30年7月～ 令和元年6月)	令和元年度 (令和元年7月～ 令和2年6月)	令和2年度 (令和2年7月～ 令和3年6月)	令和3年度 (令和3年7月～ 令和4年6月)	令和4年度 (令和4年7月～ 令和5年6月)
1位	バー・クラブ	バー・クラブ	バー・クラブ	その他の道路貨物運送	その他の飲食
2位	外国料理	その他の飲食	外国料理	医療保険	廃棄物処理
3位	大衆酒場、小料理	外国料理	美容	職別土木建築工事	中古品小売
4位	その他の飲食	パチンコ	医療保険	土木工事	土木工事
5位	自動車修理	大衆酒場、小料理	生鮮魚介卸売	その他の飲食	職別土木建築工事

（国税庁ホームページより）

これらの業種は、不特定多数の者との取引を行っており、かつ、現金売上が中心であることから取引の成立から終結までが同時に完結するため、証拠書類の把握が困難で不正計算が行われやすい業種と見られています。

　この他にもパチンコ業や風俗関連業についても過去の調査状況から見て不正発見割合が高く、その規模も大きいことから申告水準の向上のために重点業種として管理及び積極的な調査が実施されています。

② 調査対象者の選定

　事後調査は、税関の事務年度（7月1日～6月30日）に沿って年間調査計画が企画立案されます。

　コロナ前は年間で概ね4,000件ほどの調査が行われていましたが、調査計画の予定は、前述したように金額や案件の質的重要性から優先度の高い事案が生じた場合には弾力的に見直しが行われます。また、並行して特定の業種や取引形態、品目に対して全国規模で広域に連携するプロジェクト調査が実施されています。

```
┌──────────┐      ┌────────────────────────────┐
│          │      │ 税関が収集したデータを基に選定する方法 │
│  調査の   │──────┤────────────────────────────┤
│  選定基準  │      │ 過去の税歴情報を基に選定する方法      │
│          │      ├────────────────────────────┤
└──────────┘      │ 輸入取引の概況から選定する方法       │
                  └────────────────────────────┘
```

1．税関が収集したデータを基に選定する方法

　税関では、様々なルートから情報収集を行っていますが、主にNACCS（輸出入・港湾関連情報処理システム）による輸出入の実績データ、税関の内部システムであるCIS（通関情報総合判定システム）、税関ネットワーク（通関事務総合データ通信システム）等を活用して調査対象者の選定をしています。

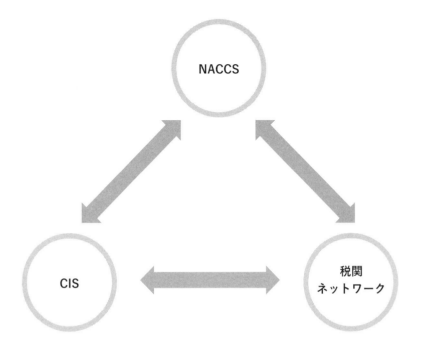

　NACCSとは、官民が共用しているシステムです。税関で行われる通関業務などの手続全般に加え、輸出入に関連するあらゆる事業者の業務を電子的に処理することができます。日本の輸出入取引のほとんどがこのシステムを利用しており、膨大なデータが集約されることから調査部でも重要な情報源となっています。

　CISとは、税関内部で活用されている基幹となるシステムです。NACCSから集約された輸出入申告等のデータや、輸出入申告等の審査や業務の進捗状況、各職員が扱っている船舶や人に係る要注意情報、検査結果、これまでの非違の実績や事後調査結果等を管理しています。

　CISが管理する情報は、内部で分析が進められます。ここでの蓄積されたデータが、不正な輸出入が疑われるリスクの高い案件や要注意人物等を選定するのに活用されています。

　また、税関ネットワークでは、全国の税関庁舎とNACCSやCISとの間を相互に連携できる情報網が構築されています。

なお、「スマート税関の実現に向けたアクションプラン2022」によると2021年７月から、税関が保有するビッグデータ（輸入実績等）をデータサイエンスの手法により解析し、事後調査の立入先選定業務支援として運用しているようです。

　その他にも税関が実施する犯則調査では、スマートフォン等や遠隔地に離れたサーバーに保存されているデジタルデータを適正に証拠収集し解析するデジタル・フォレンジックが重要な調査手法として活用されています。

　また、税務署でも「税務行政のデジタル・トランスフォーメーション―税務行政の将来像2023―」によると、収集した様々なデータを、BAツール・プログラミング言語を用いて統計分析・機械学習等の手法により分析する体制を目指しており、効率的な調査・行政指導を実施し、調査必要度の高い納税者には深度ある調査を行う取組を進めているようです。

　具体的には、令和８年度を目標に現状のKSK（国税総合管理システム）から次世代型のシステムへの高度化が行われる予定です。

※KSK（国税総合管理システム）とは、全国の国税局と税務署をネットワークで結び、申告・納税の事績や各種の情報を入力することにより、国税債権などを一元的に管理するとともに、これらを分析して税務調査や滞納整理に活用するなど、地域や税目を越えた情報の一元的な管理により、税務行政の根幹となる各種事務処理の高度化・効率化を図るために導入されているコンピュータシステムをいいます。

　今後もAIやデータのクラウド化といった先端技術を取り入れた更改がされていくものと考えられます。

2．過去の税歴情報を基に選定する方法

　調査部では、調査対象輸入者の選定にあたり過去の事後調査の履歴を特に重視しています。調査官の人員と投下できる時間には限りがありますので、コンプライアンスの高い輸入者よりも何度も不正行為を繰り返している輸入者や非違が見込まれる事案を絞り込んで調査対象としていきます。なお、事案によっては、税務署の法人税等の調査履歴を確認する場合もあるようです。

関税法第105条の 3 （官公署等への協力要請）

　税関職員は、…官公署又は政府関係機関に、当該職務に関し参考となるべき帳簿書類その他の物件の閲覧又は提供その他の協力を求めることができる。

・他の官庁との交流について

　前述したように、税関と他の官庁は、相互に関連した業務があります。

　一般的な税関の税務調査と税務署の税務調査が同時に行われることはないそうですが、事案によっては、警察とは事件調査で、国税局とは税務調査で協力をすることもあります。

　なお、警察、国税局、海上保安庁、厚生局（麻薬取締部）等では人事交流を行っており職員のスキルアップや情報の共有を行っています。

3．輸入取引の概況から選定する方法

　調査部では、事後調査を効率的に行うために各輸入者の取引状況について情報の収集と分析を行っていますが、その一環として輸入者に対して「会社概要のお伺い」を送付することがあります。

　この書類が届いたから事後調査が実施されるというものではなく、その作成と返送については協力のお願いとなっています。

　そのため、提出しなかった場合についても特に罰則規定は設けられていませんが、適正かつ公平な関税等の徴収のために提出に応じるのが望ましいと言えます。

　なお、税務署も似たような情報収集を行っており、適正・公平な課税の実現のために法人や個人の事業者の方々を対象に、「売上・仕入・費用・リベート等」に関する資料（「一般取引資料せん」といいます。）の提出をお願いすることがあります。

　このように、税関では、輸入者について様々な情報源からのデータを活用して、効率的な調査先の選定を行っています。

会 社 概 要 の お 伺 い

会社概要　　ご協力いただける範囲で結構ですので、ご記入よろしくお願いいたします。

		フリガナ		法人番号		
会 社 名 （個人事業者名）	和　名	※法人登記している場合は登記している会社名、個人事業者の方は個人名又は屋号を記入してください。				
	英　名	※会社の英名（個人事業者の方は個人名又は屋号）を英字で記入してください。				

所 在 地		フリガナ			TEL	（　　　）　　－
		住所	〒		FAX	（　　　）　　－
		輸出入関係書類が 保管されている場所 （上記住所と異なる場合）	〒		TEL	（　　　）　　－
					FAX	（　　　）　　－
		登記住所 （上記住所と異なる場合）	〒		TEL	（　　　）　　－
					FAX	（　　　）　　－
メール アドレス				WEB会議システム 対応の可否	□ 対応可 □ 対応不可	

設立年月日	年　月　日	主な貿易取引	**輸入・輸出**	輸入開始年月	年　月頃
業種（具体的に）				従業員数	名
会社名等の 変更	旧会社名：　　　　　旧所在地：			変更年月日： 　年　月　日	

支 店 ・ 営 業 所	国 内	名　　称	住　　　所	電話番号	
				（　　）　　－	
				（　　）　　－	
	海 外	名称（英字）		国　名	

組織区分	1.本邦法人　2.外国法人（日本支店等）　3.外資系法人　4.個人事業者　5.その他（　　　　）			
資本金	百万円	決算期	月　消費税区分	□ 免税事業者 □ 簡易課税事業者
売上額	前期　　　　　　百万円	仕入額	前期　　　　　　百万円（輸入仕入率　　％）	
	前々期　　　　　百万円		前々期　　　　　百万円（輸入仕入率　　％）	
取引銀行 （支店名）	銀行・信金・信組（　　　支店）		銀行・信金・信組（　　　支店）	
	銀行・信金・信組（　　　支店）		銀行・信金・信組（　　　支店）	
代表者名	役 職 名		氏　名	

国内の業 務提携先 など	名　称 電話番号	住　所 関連関係
	（　　）　　－	・親会社・子会社・仲介・買付代理・L/C代行・物流倉庫・その他

海外の業 務提携先 など	名称（英字）	国　名
	関連関係　・仲介・買付代理・親会社・子会社・資本関係提携・業務提携・資材調達先・その他	

※裏面へつづく

主な輸入取引先、輸入貨物の販売先について記入してください。

主な輸入取引先	輸出者名	国名	主な品目	前期仕入額
				百万円
				百万円
				百万円

輸入貨物の販売先	会社名	所在地	電話番号

次の該当する事項に○印を記入してください。
（輸入取引によって異なる場合は該当するもの全てを選択してください。）

① 契約・値決めの方法	1.現地で直接　2.電子メール　3.電話　4.FAX　5.他者　6.その他（　　　　）
	「5.他者」を選択した場合、詳しく記入してください。 会社名（個人名）： 所 在 地（住所）： 電 話 番 号 ：
② 決済方法	1.L/C　2.海外送金　3.現金現地　4.現金国内　5.クレジットカード　6.その他（　　　）
③ 輸入貨物代金以外の支払	1.有　・手数料（コミッション）　・ロイヤルティ（商標権、意匠権、特許権等） 　　　・輸入貨物の容器、包装費　・現地調達の原材料費 　　　・研究開発費　・その他（　　　　　　　　　　　　） 2.無
④ 輸入貨物に組み込まれる材料・部分品の提供	1.有　（　有償　・　無償　）　　2.無
⑤ 輸入貨物製造のために使用した機械・工具の提供	1.有　（　有償　・　無償　）　　2.無
⑥ 輸入貨物製造のために使用した金型の提供	1.有　（　有償　・　無償　）　　2.無
⑦ 輸入貨物の検品の方法	1.自社（海外で・日本で）　2.輸出者　3.検品業者（海外で・日本で）　　4.その他
⑧ EMS（国際スピード郵便）等郵便線路による輸入	1.有　　2.無
⑨ インターネット販売	1.行っている（ショップ名：　　　　　　　　　　）　2.行っていない

税関に対するご意見等ございましたら記入してください。

【ご記入担当者】

所属　　　　　　　　　　TEL　　　　　　　　　　　ご氏名

（参考：税関ホームページ）

102

③ 準備調査

　調査対象輸入者の選定が終わると、調査へ向けての準備が始まります。

　選定の段階から収集した情報を基に調査の着眼点や重点的な調査事項について検討協議が行われます。

　また、大規模な商社や大口の輸入者については、調査を迅速に進めるために、事前に会社へ連絡を行い、経理に関する電子データ等の提供をお願いする場合もあるようです。

　なお、新型コロナウイルスの流行に伴い、リモートでの調査も実施されており、税関での調査手法にも変化が見られました。

　これまで以上に電子データの積極的な活用が進められており、調査対象輸入者の電子データの管理状況を確認するために「コンピュータ導入概況調査票」の送付が行われるケースもあるようです。

　準備調査も進み立入計画が決定するといよいよ調査対象への事前通知となります。

コンピュータ導入概況調査票による主な確認事項

システムの利用状況について	電子データでの抽出の可否とデータの形式について
システムの製造元について	
作成される帳票の内容について	出力した帳票の保存状態について

④ 事前通知

　税関の担当職員は、調査の立入計画が決定されると調査対象の輸入者に対して電話や郵便等で調査の事前通知を行います。

　通知される主な事項については、実地調査を行う日時、場所、調査の対象、目的等が挙げられます。

　調査の目的については、事前通知がされることになっていますが、調査を行う理由については通知事項ではないので説明されることはありません。

　一般的な目的例としては、提出した申告書の記載内容の確認等が挙げられます。

　なお、調査を何日間行うかについては、事案によって調査開始後の状況により異なる場合もあり、立入が複数回に及ぶ場合には、調査開始後に輸入者の都合をヒアリングしたうえで、次回以降の日程の調整が行われます。

　また、調査担当者が複数臨場する場合には、事前通知の際に調査を代表する担当者の氏名・所属官署と臨場予定人数も併せて通知されます。

　具体的には次のような文面の書類が送付されます。

令和　年　月　日

（通知先住所（居所）氏名）
　　　　　　　　　　殿

輸入事後調査の実施について

○○税関調査部　　　統括調査官（調査第○部門担当）

　平素より税関行政についてご理解とご協力を頂きありがとうございます。

　令和○年○月○日　　付で調査通知を行いました輸入事後調査につきまして、調査の日程等を連絡致します。

　関税に関する法律の規定に基づき、輸入された貨物の課税標準又は納付すべき税額に関して以下のとおり輸入事後調査に伺いますのでご協力をお願い致します。

　なお、上記の調査通知の翌日以降、下記の調査の対象となる期間に含まれる輸入申告（平成29年1月1日以後に法定納期限が到来するものに限ります。）に係る修正申告が行われた場合は、関税法第12条の2第1項の規定に基づき、当該修正申告により納付すべき税額に過少申告加算税が課されることとなります。

1 調査を開始する日時	令和○年○月○日　　○時00分から　　　○日間	
2 調査を行う場所	○○○ ○○○○○	
3 調査を行う税関職員	○○税関調査部統括調査官（調査第○部門担当） 財務事務官　○○　他1名	
4 調査の目的	輸入された貨物の課税標準又は納付すべき税額の確認	
5 調査の対象となる税目	輸入された貨物の関税及び内国消費税	
6 調査の対象となる期間	平成○年○月○日　　　から　　　令和○年○月○日	
7 調査の対象となる帳簿書類その他の物件	一般的な名称又は内容	保存の根拠となる法令
	(1) 関税関係帳簿（輸入若しくは輸出の許可書等に記載したものを含む。）	関税法第94条 関税法施行令第83条
	(2) 通関関係書類 ① 輸入通関関係書類（輸入の許可を受けた貨物の仕入書、運賃明細書、保険料明細書、包装明細書等） ② 輸出通関関係書類（輸出の許可を受けた貨物の仕入書、運賃明細書、国内仕入価格の明細書等）	関税法第94条 関税法施行令第83条
	(3) 輸入の許可を受けた貨物の製造者又は売渡人の作成した仕出人との間の取引についての書類（メーカーズインボイス等）	関税法第94条 関税法施行令第83条
	(4) 輸入の許可を受けた貨物の価格表	関税法第94条 関税法施行令第83条

2
章

税関の税務調査

	(5)	発注関係書類、契約書、往復文書等の貿易関係書類	関税法第94条 関税法施行令第83条
	(6)	総勘定元帳、補助台帳、補助簿、振替伝票、決裁書類等の経理関係書類、法人税確定申告書、消費税確定申告書	関税法第94条 関税法施行令第83条
	(7)	関税関係帳簿書類に係る電磁的記録等及び電子取引の取引情報に係る電磁的記録（電子メール等）	関税法第94条の2、第94条の3及び第94条の5 （旧関税法第94条第3項） 関税法施行規則第10条から第10条の3 （旧関税法施行規則第10条）
	(8)	会社概要、会社組織図	
	(9)		
	(10)		

(注) 4から7までの事項は、状況に応じて上記記載以外の内容に関し調査をすることがあります

送 信 日 時	
送 信 方 法	
送 信 者 名	

【連絡先】 ○○税関調査部　統括調査官（調査第○部門担当）　上席調査官　○○　○○
　　　　　　　　　　　　　　　　　　　　　　○○市○○1-2-3（○○合同庁舎）
　　　　　　　　　　　　　　　　　　　　　　電話　○○○○○○
　　　　　　　　　　　　　　　　　　　　　　FAX　○○○○○○
　　　　　　　　　　　　　　　　　　　　　　e-mail　○○○@○○

この事前通知は、次の法令を根拠としています。

関税法第105条の2（輸入者に対する調査の事前通知等）

　国税通則法第74条の9（第3項、第5項及び第6項を除く。）から第74条の11（第4項を除く。）まで（納税義務者に対する調査の事前通知等・事前通知を要しない場合・調査の終了の際の手続）の規定は、税関長が、税関職員に輸入者に対し前条第1項第6号の規定による質問、検査又は提示若しくは提出の要求を行わせる場合について準用する。

国税通則法第74条の9（納税義務者に対する調査の事前通知等）

　税務署長等（国税庁長官、国税局長若しくは税務署長又は税関長をいう。）は、国税庁等又は税関の当該職員に納税義務者に対し実地の調査（税関の当該職員が行う調査にあっては、消費税等の課税物件の保税地域からの引取り後に行うもの又は国際観光旅客税について行うものに限る。）において質問検査権等の規定による質問、検査又は提示若しくは提出の要求（「質問検査等」）を行わせる場合には、あらかじめ、当該納税義務者（当該納税義務者について税務代理人がある場合には、当該税務代理人を含む。）に対し、その旨及び次に掲げる事項を通知するものとする。

一　質問検査等を行う実地の調査を開始する日時

二　調査を行う場所

三　調査の目的

四　調査の対象となる税目

五　調査の対象となる期間

六　調査の対象となる帳簿書類その他の物件

七　その他調査の適正かつ円滑な実施に必要なものとして政令で定める事項

2 　税務署長等は、前項の規定による通知を受けた納税義務者から合理的な理由を付して同項第1号又は第2号に掲げる事項について変更するよう求めがあった場合には、当該事項について協議するよう努めるものとする。

3 　…

4 　第1項の規定は、当該職員が、当該調査により当該調査に係る同項第3号から第6号まで（目的、税目、期間、帳簿書類、その他の物件）に掲げる事項以外の事項について非違が疑われることとなった場合において、当該事項に関し質問検査等を行うことを妨げるものではない。この場合において、同項の規定は、当該事項に関する質問検査等については、適用しない。

5・6 　…

国税通則法第74条の10（事前通知を要しない場合）

　税務署長等が調査の相手方である納税義務者の申告若しくは過去の調査結果の内容又はその営む事業内容に関する情報その他国税庁等若しくは税関が保有する情報に鑑み、違法又は不当な行為を容易にし、正確な課税標準等又は税額等の把握を困難にするおそれその他国税に関する調査の適正な遂行に支障を及ぼすおそれがあると認める場合には、事前通知を要しない。

国税通則法第74条の11（調査の終了の際の手続）

　税務署長等は、国税に関する実地の調査を行った結果、更正決定等をすべき
と認められない場合には、納税義務者であって当該調査において質問検査等の
相手方となった者に対し、その時点において更正決定等をすべきと認められな
い旨を書面により通知するものとする。

2　国税に関する調査の結果、更正決定等をすべきと認める場合には、当該職
　員は、当該納税義務者に対し、その調査結果の内容（更正決定等をすべきと
　認めた額及びその理由を含む。）を説明するものとする。

3　前項の規定による説明をする場合において、当該職員は、当該納税義務者
　に対し修正申告又は期限後申告を勧奨することができる。この場合において、
　当該調査の結果に関し当該納税義務者が納税申告書を提出した場合には不服
　申立てをすることはできないが更正の請求をすることはできる旨を説明する
　とともに、その旨を記載した書面を交付しなければならない。

4　…

5　第1項の通知をした後又は第2項の調査（実地の調査に限る。）の結果に
　つき納税義務者から修正申告書若しくは期限後申告書の提出若しくは源泉徴
　収等による国税の納付があった後若しくは更正決定等をした後においても、
　当該職員は、新たに得られた情報に照らし非違があると認めるときは、（当
　該職員の質問検査権）の規定に基づき、当該通知を受け、又は修正申告書若
　しくは期限後申告書の提出若しくは源泉徴収等による国税の納付をし、若し
　くは更正決定等を受けた納税義務者に対し、質問検査等を行うことができる。

・事前通知の時期

　事前通知を行う時期については、法令の規定はなく個別の事案によって事情も異なるので例示がされていませんが、調査対象の輸入者が調査開始日までに調査を受ける準備等をできるよう、調査までに相当の時間的余裕を置いて行うこととされています。

　通常は、口頭（電話）又は文書によって通知がされますが、税関の判断で、調査を効率的に実施するために事前通知を行わない場合や数日前に通知される場合もあります。なお、実務上は、調査の実施期間や輸入者の事業規模のほか調査への準備や業務への影響を考慮して、概ね1〜2か月ほど前にまず電話により調査について通知が行われ、しばらくして文書による案内が来るといった柔軟な対応が取られているようです。

　また、事前通知に際して、輸入者の都合への配慮のため、決算や申告業務などで業務が込み入っている場合には、調査日時の調整が行われます。

　なお、事前通知後においても当初取り決めた日時について、一時的な入院、親族の葬儀、その他業務上のやむを得ない事情が生じた場合など合理的な理由がある場合には、輸入者からの申し出により日程の変更について協議に応じてもらえることもあります。

・事前通知が行われない場合

　事前調査の際には、原則として事前通知を行うこととされていますが、これまでの申告内容や過去の調査結果、事業の特性などから事前通知を行うことにより、次のような事態の発生が想定される事案には通知を行わない場合もあります。

　ケース1

　違法又は不当な行為を容易にし、正確な課税標準等又は税額等の把

握を困難にするおそれがある場合

ケース2

その他、調査の適正な遂行に支障を及ぼすおそれがあると判断した場合

実務上は、事前通知が行われない場合であっても調査の対象となる税目・課税期間や調査の目的、対象となる輸入貨物などは、臨場後速やかに説明することとされています。

なお、事前通知を行わなかった理由については、法令上説明されることはありません。また、事前通知が行われなかったという行政処分について納得がいかない場合でも不服申し立てを行うことができる処分には該当しないものとされています。

・税務署の事前通知について

税務署の税務調査が実施される際にも事前通知は行われますが、その方法については、法令上に規定されておらず、原則として電話により口頭で行うものとされています。

なお、電話による事前通知が困難と認められる場合には、税務当局の判断で書面によって事前通知を行う場合もありますが、納税者からの要望に応じて事前通知内容を記載した書面を交付することはないようです。

実務上は、税務代理権限証書を提出している税理士に連絡が行われますが、納税者との調査日程や準備する書類等の行き違いを防止する観点から、税関の税務調査のように書面での通知を行うか、e-Tax のメッセージボックスを活用した通知が導入されても良いのではないでしょうか。

⑤　実地調査

　実地調査は、原則として調査対象輸入者の事業所等へ訪問し、面談による質問や関係書類の調査を行うことにより、当初の輸入申告の内容が正しかったどうかの確認がされます。

　調査に対応する調査官の人数は、会社の規模や案件により異なりますが、通常は2～4人から多い時で8人以上が投入されます。調査期間についても通常は2日から4日程度、長い場合で2週間程度実施されるようですが、調査官が1人か2人で訪問し1日で終わった事例もあれば、1年以上続いたという事例もあります。

　なお、新型コロナが流行していた時期には、調査対象輸入者が対応可能な場合には、税関のテレビ会議システムを利用してリモートによる調査が行われていました。

1．調査対象期間について

　調査対象期間は、原則として過去5年間です。ただし、偽りその他不正の行為により関税を免れた場合などには最長で7年間を対象とする場合があります。

2. 調査の対象

　実地調査は、人に対する調査と物に対する調査に大別されます。人に対する調査は、聴き取りにより実施され、物に対する調査は、帳簿書類や証憑書類を中心に確認作業が進められます。

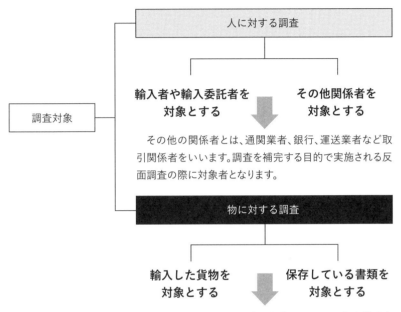

3．準備しておく書類

　書類については、保存している過去の書類を確認していくので、基本的に実地調査の段階で新たな書類を作成する必要はありません。

　とはいえ、調査対象となる書類は広範囲に及ぶことから調査期間中は、常に質問や追加で提出を求められた書類を探す作業など対応に追われることとなります。調査が効率良く進むことは早期終了にも繋がるので、調査官の依頼にスムーズに対応できるように、日頃から調査に備えて通関関係書類や取引先ごとの資料の整理、保存の仕組み作りをしておくことが望ましいでしょう。

準備しておく資料（調査対象期間分）			
会社組織に関する書類	契約に関する書類	会計に関する書類	通関に関する書類
会社案内やパンフレットなど事業の概況が分かる資料	契約書、稟議書、決済関係書類、海外送金依頼書、通信文書(メールなど)、営業報告書、出張報告書など	決算報告書、法人税申告書等、総勘定元帳、補助簿、振替伝票、固定資産台帳など	仕入書、船積関係書類、通関手続きの際に用いた書類など

4．調査の流れ

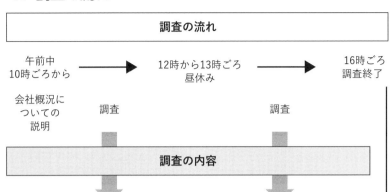

調査の流れ		

午前中
10時ごろから　→　12時から13時ごろ
昼休み　→　16時ごろ
調査終了

会社概況に
ついての
説明　調査　調査

調査の内容	

まず始めに挨拶を行い、その後、会社組織、業績、事業内容、貿易取引についてパンフレット等で説明を行います。

調査については、事前通知の際に要望があった調査対象期間分の書類の精査と担当者への聞き取り調査が実施されます。

調査官の視点	

会社の概況説明や質問を通じて、準備調査の段階で調査のポイントとしていた事項の絞り込みや、どの担当者から聴き取りを行うべきなのかといった状況把握を行います。

品目分類（品名、品質、税番、税率など）、課税標準（申告価格、申告数量、納付税額、取引条件など）、評価申告や特恵税率に関する事項、その他の計算誤りがないかを確認していきます。

経理担当者や輸入担当者からも聴き取りを行い、取引について、①年月日②取引関係者③貨物の内容④支払方法⑤現況などの視点から不正や間違いの端緒がないか確認していきます。

概況説明は初日だけで、2日目以降は終日調査が続きます。なお、最終日には調査結果の説明が行われます。

調査は、基本的に会社の営業時間内に行われます。

図解のとおり、数日にわたって朝の10時ごろからお昼休憩を挟んで夕方の16時ごろまで実施されますが、初日については、調査官が会社到着後に、会社側の責任者や経理の担当者などと挨拶を交わすところからスタートします。

この際には、名刺の交換や調査官による身分証の提示が行われたりもします。

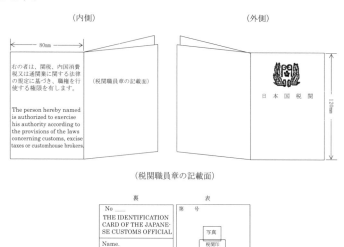

（税関職員章の記載面）

備考
1　外側地質は黒色革製とし、税関き（ヽ）章及び文字を金色で表示する。
2　税関職員章の用紙は、日本産業規格Ｂ列８とし、紙質は厚紙白紙とする。

次に、調査の進行について、会社側の担当者の業務スケジュールや調査官からの要望を話しながら調整が行われていきます。

調査は、会社の重要な書類や業務内容について閲覧や聴き取りが行われることから、あらかじめ会議室や応接間のような個室やコピー機の用意ができているのが望ましいかと思われます。

そして、ひと通りの挨拶が終わると、会社の概況について説明が求められます。

　会社組織の概要から輸入貨物の内容、取引関係者など貿易取引全般の流れについて聴き取りが進められますが、経験値や能力の高い調査官はこの段階で問題点の把握や絞り込みが大まかにできるとも言われています。

　なお、税務署の税務調査の際には、昼食等は調査官が各自で取られるので弁当等の手配は不要ですが、初日の面談の際にお茶を出したり、調査中にペットボトルの飲み物を会社側が用意したりすることはあります。

　税関の税務調査の際も同様の対応で良いのではないでしょうか。

調査での聴き取り事項の例

| 取引先等について、グループ企業や協力会社など特殊関係の有無や取引価格への影響を確認されます。 | 輸入貨物について、課税標準や品目分類に誤りがないか具体的な取引の内容を確認されます。 |

・輸出者（売手）の所在地や事業者との関係性について質問が行われます。
・この他にも、契約までの流れなど取引について注文書や契約書に基づいた質問が行われます。

・貨物の内容や取引条件（FOBやCIF）の他に決済方法（L/CやT/T）について質問が行われます。
・課税標準に関する事項として、開発費やロイヤルティ等の支払いや金型の無償提供等の有無について質問が行われます。
・この他にも、評価申告を適切に行っているか確認が行われたり、証憑書類に関する質問が行われます。

※ 質問事項は、それぞれの事案によって異なりますが、主に課税標準への計上漏れがないか又は意図的な低価申告（アンダーバリュー）など不正な行為がないかといった視点で聴き取りが実施されています。

　会社の概況について説明がされると、いよいよ調査が本格的に始まります。

　物に対する調査ついては、事前通知の際に指示されていた調査対象期間の帳簿書類や証憑書類を中心に輸入された貨物の課税標準や品目分類が正しかったのかどうか確認作業が進められていきます。

　一方で、人に対する調査は、輸入取引を任されている担当者や支払い業務を扱う経理担当者への聴き取りにより、取引の詳細な内容確認が行われ、当初申告と非違が疑われる事項や税額の増差につながる不正な取引があるのかどうかが調べられます。

　これらの他にも、実際に従業員が働いている事務室等の現場で調べたり確認作業を行う現況調査が実施される場合もあります。

　なお、筆者が実際に調査を受けた会社にヒアリングをして得た事例

では、調査官の聴き取りにより輸入担当者が国内販売する商品を免税扱いとされる見本品と偽って不適切な申告を行っていたことが発覚し、これを端緒にその他の不正行為が次々と見つかり高額な追徴税額の納付を迫られたケースがあります。

当然その会社は税関から厳しい指導を受けましたが、悪質なケースということもあり今も数年ごとに事後調査が行われているようです。

経理担当者の方は、全く関知しておらず晴天の霹靂だったようですが、特定の部署だけでなく組織全体でコンプライアンスが徹底される管理体制が重要だといえます。

5．調査でやらない方がよい行為

　税関の税務調査を喜んで受ける方は多くはないと思いますが、次のような行為が見受けられると調査が予定通りに進まず反対に長引く可能性があります。

　場合によっては、次の項目で説明するような反面調査の実施にもつながるので注意が必要となります。

　なお、税務署の税務調査の場合には、あまりにも非協力的な対応を取ると法人税歴表に法人及び代表者等の性向・風評や調査に対する協力度について記録が残る場合もあるそうです。

　これまでに様々な税務署の税務調査に立ち会ってきましたが、感情的になるのは、有利に働かないことの方が多いので努めて冷静に対応しましょう。

▷調査官の質問に対して虚偽の答弁や悪態を取る

　調査官も調査のプロですので、答えが分かっていてもあえて質問を行う場合もあります。質問されたことには誠意をもって回答をすることが調査の早期終了につながります。

　また、調査官に暴言を吐いたり恫喝を行うことは、調査拒否や妨害と受け取られるので絶対にやめましょう。

▷資料の提出しようとしない、期日を守らない

　調査官は、事実関係の確認のため必要と思われる資料の提示を求めています。事業者側の判断で必要ない、関係ないという回答や態度を示してしまうと余計に不都合な資料が隠されているのではないかという心証を与えてしまいます。

　同様に期日までに追加で用意するようにお願いされた資料を提出しない行為もプラスに働くことはありません。

▷質問に対して曖昧な回答をする

　調査官の使っている専門用語が良く分からないまま曖昧な回答をしたり、質問に対する答えがコロコロ変わると調査に要する時間が余計にかかります。

　調査官の想像があらぬ方向へ進まないように、分からないことは後から調べて回答するのが望ましいといえます。

　なお、会計用語では P/L は損益計算書ですが、通関業界では P/L はパッキングリスト（包装明細書）となります。聞いたことがあったり、同じような言葉でも全く意味が異なる場合があります。分からない用語があれば調査官に確認を取り調査がスムーズに進むようにしましょう。

よくある質問 (参考：税関ホームページ「輸入事後調査手続に関するQ&A」)

Q1 最長で何年間まで遡って課税されるのか?

A1 　関税について課税処分が行える期間は、原則として法定納期限等から5年とされています。

　ただし、偽りその他不正の行為により関税を免れ、又は関税を納付すべき貨物について関税を納付しないで輸入した場合には、7年となります(関税法14①④)。

Q2 書類は何年間置いておかないといけないのか?　どのような書類が対象なのか?

A2 　関税法第94条に貨物の輸出入を業とする者に対して、帳簿の備付けと保存義務が規定されています。

　業として輸入する輸入申告者は、次のような帳簿、書類及び電子データ等を保存しておく必要があります。

具体的な保存書類
（関税法94参考）

帳簿 保存期間 **7年間**
（輸入許可の日の翌日から起算）

【記載事項】
品名、数量、価格、仕出人の氏名（名称）、輸入許可年月日、許可書の番号を記載（必要事項が網羅されている既存帳簿、仕入書等に必要項目を追記したものでも可とされています。）

書類 保存期間 **5年間**
（輸入許可の日の翌日から起算）

【書類の内容】
輸入許可貨物の契約書、仕入書、運賃明細書、保険料明細書、包装明細書、価格表、製造者又は売渡人の作成した仕出人との間の取引についての書類、その他税関長に対して輸入の許可の内容を明らかにすることができる書類

**電子取引の取引情報に係る
電磁的記録の保存** 保存期間 **5年間**
（輸入許可の日の翌日から起算）

【電磁的記録の内容】
電子取引（いわゆるEDI取引、インターネット等による取引、電子メール等により取引情報を授受する取引）を行った場合における当該電子取引の取引情報（貨物の取引に関して授受する契約書、仕入書等に通常記載される事項）

(注1) 書類又は輸入許可書に帳簿へ記載すべき事項がすべて記載されている場合には、当該書類又は輸入許可書を保存することにより、帳簿への記載を省略することができます。なお、当該書類又は輸入許可書は帳簿と同じ期間保存しなければなりません。
(注2) 帳簿の記載事項と書類は、その関係が輸入許可書の番号その他の記載事項により明らかであるように整理して保存する必要があります。
(注3) 特例輸入者に係る全ての特例申告貨物及び特定輸出者に係る全ての特定輸出貨物についても同様に帳簿、書類及び電子データを保存する必要があります。

【罰則】関税法第115条の2
次の各号のいずれかに該当する者は、1年以下の懲役又は30万円以下の罰金に処する。
一 第94条の第1項（同条第2項において準用する場合を含む。）の規定に違反して帳簿の記載をせず、若しくは偽り、又は帳簿を隠した者

Q3 調査官から提示・提出を求められた資料が電磁的記録である場合にはどうすればよいのか?

A3 　当該資料が帳簿書類等である場合に、提示については、パソコンのディスプレイ画面で調査官が確認できる状態にし、提出についても、調査官が画面を確認しながら当該電磁的記録をプリントアウトして渡すことができるように準備しておく必要があります。

　なお、電磁的記録そのもののデータの提出が求められる場合にもありますが、その際には、調査官が持参した電磁的記録媒体へのコピーをすることになります。

　このコピーされたデータについては、調査終了後に廃棄(消去)されることになっています。

Q4 調査官から確認を求められた帳簿書類等が私物である場合には断ることができるのか?

A4 　調査官には、質問検査権が与えられているので、調査について必要があると判断された帳簿書類等については、提示、提出や検査をすることができます。

　そのため、例えば法人に対する調査を行っている際に、代表者個人名義の預金通帳(私物)について事業に関連性があると見込まれる何らかの疑義が生じた場合には法令上、確認することができるものと解されます。

　なお、実務上、調査官、その帳簿書類等の提示・提出が必要とされる趣旨を説明し、輸入者の理解を得られるよう努めることとされています。

A5　　事後調査では、訪問した事業所等に会議室や広い机などのス
ペースがない場合や確認する帳簿書類等のボリュームが多く調
べるのに時間を要する場合があります。このような事案では、
調査官が資料を預かって税関へ持ち帰った方が調査の進捗もス
ムーズになり輸入者の負担も少なくなるものと考えられます。
この際に取られる手続きが留置き（預かり）といいます。

　　留置きは、その必要性を調査官が説明し輸入者の理解と協力
を得た上で実施されるので、承諾がないままに強制的に持ち帰
られるようなことはありません。

　　なお、法令上も、留め置く必要がなくなったときは遅滞なく
返還手続きが取られます。

　　また、この他にも業務で使用する必要が生じた等の理由で返
還を求められた場合には、特段の支障がない限り速やかに返還
することとされています。

A6　　例えば、実地調査を行っている中で明らかとなった非違事項
について、同様の間違いを対象年度よりも以前に行っていたこ
とが疑われる場合には、調査を行うことがあります。

　　このような場合には、輸入者に対して、調査対象に追加する
事項について説明し理解と協力を得た上で実施されますが、当
初の調査の場合と同様、追加する理由について説明がされるこ
とはないようです。

2
章

税関の税務調査

125

6．実地調査の事例

ここで、実地調査で非違が指摘されるよくある事例を紹介します。

実際には、事例①のように仮の価格で輸入申告を行っていた事例や事例③のような課税価格に加算すべき費用が漏れている間違いが多く見受けられます。

なお、事例の中で申告漏れ等とあるものは、課税価格に申告漏れがあったものの他、適用税率に誤りがあったものを含みます。

また、追徴税額とは、納付不足税額と課税価格の申告額が過少であった場合等に課される加算税額が合算されています。

【事例①】仮価格のインボイスにより輸入申告を行った事例（令和元事務年度）

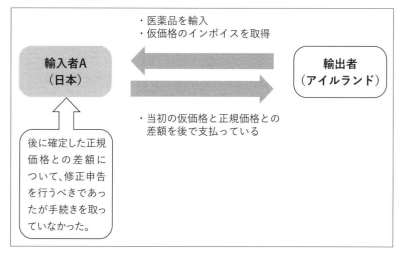

　輸入者 A は、アイルランドの輸入者から医薬品を輸入していました。A は、輸出者が暫定的に作成した仮価格のインボイスに基づき申告していましたが、輸入後に取引価格が決定され、仮価格と取引価格との差額を請求されて支払っていました。

　本来、この差額は課税価格に含めるべきものでしたが、A は差額について修正申告を行っていませんでした。

　結果として、その他の申告漏れ等も含め、不足していた課税価格は39億626万円、追徴税額は 3 億4,458万円でした。

【事例②】輸入貨物に係るロイヤルティの申告漏れ事例 (令和3事務年度)

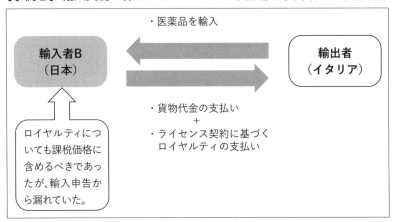

　輸入者Bは、イタリアの輸出者から医薬品を輸入していました。Bは、輸出者との間でライセンス契約を締結し、輸出者から特許及びノウハウ等が使用された医薬品を輸入して、その対価としてロイヤルティを貨物代金とは別に支払っていました。

　本来、このロイヤルティは課税価格に含めるべきものでしたが、Bは課税価格に含めずに申告していました。

　結果として、その他の申告漏れ等も含め、不足していた課税価格は11億5,254万円、追徴税額は1億1,682万円でした。

【事例③】 輸入者が提供した部材の金型費用の申告漏れ事例 (令和2事務年度)

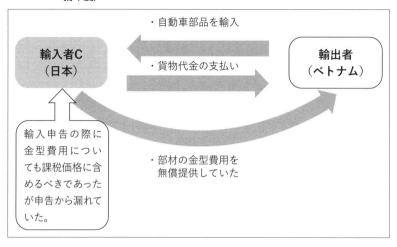

　輸入者Cは、ベトナムの輸入者から自動車部品を輸入していました。Cは、自動車部品に組み込まれる部材を輸出者に有償で提供していましたが、部材の金型費用については輸出者への有償提供価格に含めていませんでした。

　本来、この金型費用は課税価格に含めるものでしたが、Cは課税価格に含めずに申告していました。

　結果として、その他の申告漏れ等も含め、不足していた課税価格は5億4,211万円、追徴税額は5,825万円でした。

【事例④】 輸入貨物に係る開発費用の申告漏れ事例 （令和元事務年度）

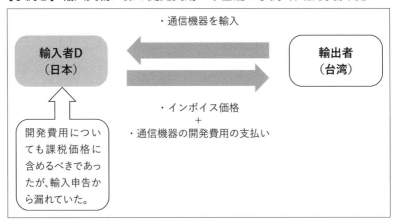

　輸入者Ｄは、台湾の輸出者から通信機器を輸入していました。Ｄは、輸出者との取り決めに基づき、インボイス価格以外に、貨物に係る開発費用を支払っていました。

　本来、この開発費用は課税価格に含めるべきものでしたが、Ｄは課税価格に含めずに申告していました。

　結果として、その他の申告漏れ等も含め、不足していた課税価格は8億8,954万円、追徴税額は7,826万円でした。

【事例⑤】輸出者が不適切なインボイスを作成していた事例（令和3事務年度）

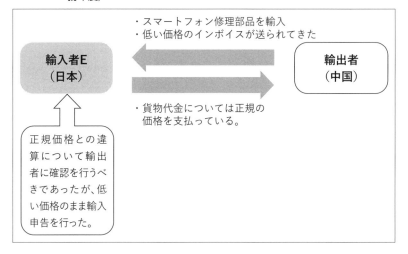

輸入者Eは、中国の輸出者から国際宅急便を利用してスマートフォン修理部品を輸入していました。輸出者は、正規の価格よりも低い価格でインボイスを作成しており、Eは輸出者の作成したインボイスの内容を十分に確認しないまま、当該インボイスに基づいて申告していました。

結果として、その他の申告漏れ等も含め、不足していた課税価格は5億8,275万円、追徴税額は4,982万円でした。

【事例⑥】居住者から委託を受けて輸入される貨物の申告誤り事例（令和2事務年度）

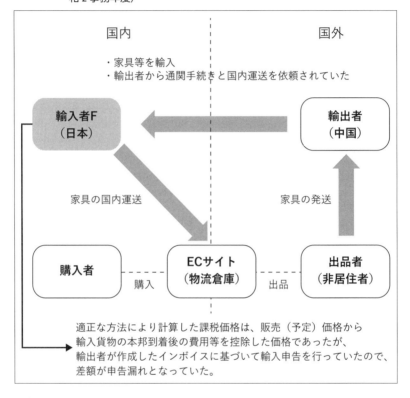

輸入者Fは、中国の輸出者から家具等を輸入していました。Fは、非居住者が本邦のEC（電子商）サイトで販売する予定の家具等の通関手続及び国内運送を輸出者から請け負ってきましたが、適正な方法で課税価格を計算せず、輸出者が作成したインボイスに基づき申告していました。

結果として、その他の申告漏れ等も含め、不足していた課税価格は2億4,101万円、追徴税額は2,201万円でした。

その他に、令和5年11月に公表された令和4事務年度の最新事例を紹介します。

【事例⑦】：輸入貨物に係る追加貨物代金の申告漏れ事例

　輸入者Gは、アメリカの輸出者から磁気ディスク等の記憶装置を輸入していました。Gは輸出者に対し、輸入貨物の代金を支払いましたが、輸入許可後に輸出者から購入した輸入貨物の売買価格改定に伴い、増額分の追加貨物代金を支払っていました。本来、この追加貨物代金は課税価格に含めるべきものでしたが、Gは修正申告を行っていませんでした。

　結果として、不足していた課税価格は13億6,870万円、追徴税額は1億3,148万円でした。

【事例⑧】：輸入者が無償提供した部分品等の申告漏れ事例

　輸入者Hは、中国の輸出者から光学フィルターを輸入していました。Hは、光学フィルターに組み込まれる部分品等を輸出者に無償で提供していました。本来、これらの無償提供に要した費用は課税価格に含めるべきものでしたが、Hは一部を課税価格に含めずに申告していました。

　結果として、不足していた課税価格は51億820万円、追徴税額は5億7,300万円でした。

⑥　反面調査

　実地による調査が進められていく中で、非違や不正な行為の端緒が見つかる場合があります。

　通常は、輸入者への質問や提出を受けた資料を精査することで疑義が解明されていきますが、これらだけでは申告内容に関する取引や事実関係の全体像を明らかにできない場合もあります。

　また、悪質な事案では、提出された資料が偽造されたものであった

り調査官の質問に対して虚偽の答弁をするなど非協力的な行為が散見されます。

　このような場合には、調査を補完するために必要に応じて、輸入者以外にも取引先や関連会社、銀行等へいわゆる反面調査が実施されます。

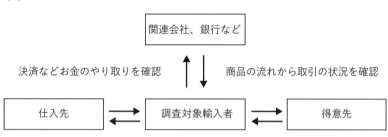

関連会社、銀行など

決済などお金のやり取りを確認　　　商品の流れから取引の状況を確認

| 仕入先 | → ← | 調査対象輸入者 | → ← | 得意先 |

請求書、注文書、領収書等の書類の確認

（反面調査を行う事例）
・帳簿が正しく記帳されていない場合
・調査対象期間の書類が保存されていない場合
・申告された内容と非違が疑われる場合
・調査官の質問に対する回答が二転三転するなど、答弁の内容に疑義が生じる場合
（調査官の視点）
・調査対象輸入者にない資料は、取引先が控えの書類などを保存してある場合がある。また、事実関係もこれらの者に確認をすることで明らかにすることができる。

取引関係者に対して文書、電話、訪問などの方法により
問い合わせや調査が行われます。

　反面調査の実施に関する根拠法令は、関税法第105条第1項第6号にあります。

　なお、反面調査の対象者へ事前通知を行うことは法令上に規定はありませんが、原則として、あらかじめ調査対象者の方へ連絡を行うものとされています。

つまり、反面調査を受けるということは、その分調査が長期化し、仕入先や得意先などの事業関係者へ負担や迷惑をかけることとなります。場合によっては、それまでに築いてきた信用を失ってしまうかもしれません。適切な申告納税を行うことが、反面調査を回避し、健全な事業経営を行う最善の策であることは言うまでもありません。

⑦　調査結果の説明

　実地調査がひと通り終了すると、最終日には調査結果についての説明が行われます。

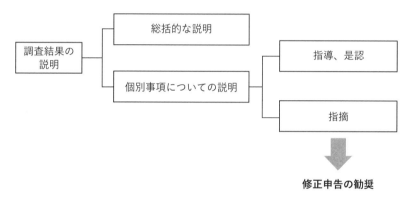

　調査結果の説明のうち総括的な説明では、輸入通関等の事務処理全般への評価が行われます。

　具体的には、輸入者が保管している輸入申告に関連した書類の整理や保存状態について指導が行われたり、輸入申告に関する社内の教育・管理体制など組織の仕組みに対する意見が述べられたりします。

　また、調査担当者によっては、法令に関する知識や理解の向上のために冊子などの資料の配布や輸入者からの質問に対して口頭でのアドバイスが行われる場合もあります。

個別的な説明では、個別の輸入申告についての指摘事項や関税等の不足税額が認められる事項について説明が行われます。

　調査の過程で申告内容に非違が認められた事項については、その事実について詳しく説明が行われ、更正決定等をすべきと認める場合には、通常、輸入者に対して修正申告の勧奨が実施されます（修正申告の勧奨に応じる場合の手続きについては事項にて説明します。）。

　なお、非違の内容が些細なレベルで、調査対象輸入者への指導で調査の目的が十分に果たされると判断された事項については、指導にとどめて「是認」として取り扱われる場合もあります。

　調査官に与える心証が少なからず調査結果にも影響を与えていると考えられます。対話による解決を図り誠意ある態度で調査に対応することが望ましいといえるのではないでしょうか。

　そして、結果的に当初の申告内容が是認となった場合には、輸入者に対して「輸入事後調査の結果について」という書類が送付されて調査は終了となります。

　しかしながら、一方で非違の疑いがある事項について追加で調査を行う必要があり、当初の予定していた日数で調査が終わらなかった場合や非違事項について見解の相違が生じた場合、税関内部での協議事項がある場合などには、継続して調査が行われる旨の説明がされることとなります。

（通知先住所（居所）氏名）

　　　　　　　　　　　　　　　殿

調査結果番号：

輸入事後調査の結果について

○○税関長

　この度は、調査にご協力を頂きありがとうございました。
　平成　年　月　日　から実施しました輸入事後調査の結果について下記のとおりお伝えいたします。本表で一連の当該調査を終了します。

　ただし、新たに得られた情報に照らし非違があると認めるときは、再調査を行うことがあります。

記

　平成　年　月　日から平成　年　月　日までの間に輸入された貨物については、更正決定等をすべきと認められませんでした。

以上

【連絡先】○○税関調査部 統括調査官（調査第○部門担当）

よくある質問 (参考：税関ホームページ「輸入事後調査手続に関するQ&A」)

Q 実地調査の終了後に「輸入事後調査の結果について」という書類が届き、「更正決定等をすべきと認められない」という旨の通知がされた場合には今後、再調査を受けることはないのか？

A 　事後調査の結果として、更正決定等をすべきと認められないとして最終的な説明がされた場合や、更正決定等をすべき額があるものとして説明を受け修正申告を行うか更正処分を受けた場合には、原則として再度の調査が実施されることはありません。

　しかしながら、調査の終了後であっても、法令上に定められている「新たに得られた情報に照らして非違があると認めるとき」という要件に該当する場合には、調査対象となった輸入貨物について再調査が実施されることがあります。

　例：国内の販売先に対して事後調査が実施され当初の調査の際には把握されていなかった非違事項の存在が明らかになった場合など

　このような場合であっても、再調査を実施することについて事前通知が行われますが、調査を行う理由については説明することはありません。

⑧ 実地調査終了後の事後処理

　調査の最終日に調査結果の説明が行われた後でも、調査内容について確認が必要な事項については追加での質問や書類の提出が求められます。

　また、非違が疑われる事項について、調査担当の調査官から内部の部署へ課税価格の計算方法や品目分類、適用税番等について協議事項として照会をかける場合もあります。

〈主要な協議事項と担当部門〉

申告に係る課税価格の適否に関する事項	➡ **業務部関税評価官**
申告に係る適用税番の適否に関する事項	➡ **業務部関税鑑査官**
申告に係る特恵税率適用の適否に関する事項	➡ **業務部原産地調査官**
納税申告に係る包括評価申告内容の適否に関する事項	➡ **業務部関税評価官**

　そして、検討協議が行われた結果、納税者に修正申告をすべき事項について、後日説明が行われることとなります。

調査結果についての説明後

争点について見解の相違があり
修正申告に応じない場合

税関長による更正決定等が行
われます。

修正申告の勧奨に
応じる場合

「輸入事後調査の結果につい
て」及び「輸入（納税）申告別不
足関税等一覧表」という書類が
送付されて来ます。

　前述したように、調査最終日や後日に調査結果の説明がされる際に、調査官は更正決定等をすべきと認められる非違事項について原則として修正申告の勧奨を行います。

　これは、申告納税制度の理念に則り、輸入者が自主的に是正をすることが今後の適正申告に資するものと考えられているからです。

　なお、修正申告の勧奨は行政指導の一環として行われるものであり、これに応じるかどうかは輸入者の任意となっております。修正申告の勧奨に応じなかった場合には、後述する更正処分が行われることとなりますが、応じないからといって輸入者が不利益を被ることはありません。なお、修正申告を行うと更正の請求をすることはできますが不服申立てをすることはできなくなります。

　これらの留意点を踏まえたうえで、修正申告をすることとした場合には、税関から「輸入事後調査の結果について」と「輸入（納税）申告別不足関税額等一覧表」という書類が送付されます。

　そして、輸入者は、通知書の内容に基づいて一般的には、通関業者に修正申告書の作成を依頼することとなりますが、一連の手続きの流れについては次の通りです。

実地調査が終了し修正申告の
勧奨に応じる

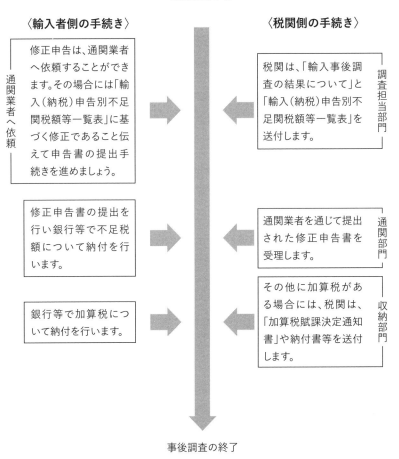

〈輸入者側の手続き〉

〈税関側の手続き〉

通関業者へ依頼

修正申告は、通関業者へ依頼することができます。その場合には「輸入（納税）申告別不足関税額等一覧表」に基づく修正であること伝えて申告書の提出手続きを進めましょう。

税関は、「輸入事後調査の結果について」と「輸入（納税）申告別不足関税額等一覧表」を送付します。

調査担当部門

修正申告書の提出を行い銀行等で不足税額について納付を行います。

通関業者を通じて提出された修正申告書を受理します。

通関部門

銀行等で加算税について納付を行います。

その他に加算税がある場合には、税関は、「加算税賦課決定通知書」や納付書等を送付します。

収納部門

事後調査の終了

Q1 事後調査の結果の説明を受けて、修正申告をしても更正の請求ができるとはどういうことなのか？

A1 　事後調査の結果の説明を受けて内容について納得し修正申告を行った場合でも、その後において修正申告に誤りが見つかるときがあります。

　このような場合に取られる手段が、更正の請求です。これは、輸入者が行った申告の課税標準や税額が過大であった場合に、税関長に対して申告した課税標準又は税額を減額する更正を行うことを求める手続きをいいます。

　なお、更正の請求を行うためには「更正の請求書」に正しい税額や更正の請求を行う理由を記載するとともに、その「事実を証明する書類」を併せて提出する必要があります。

　次に、税関と輸入者との間で非違事項について意見の交換を行ったものの結果的に見解の相違が解消できなかった場合には、修正申告の勧奨を受け入れないことができます。

　この場合には、税関長から更正処分が行われることとなります。

　更正とは、税関長は納税申告があった場合、その申告等に係る税額が関税に関する法律の規定に従っていなかったときや当該税額等がその調査したところと異なるときは、その調査により、当該申告に係る税額等を更正する手続きをいいます。（関税法７十六参照）

　また、決定という手続きもあり、税関長は、納税申告を必要とする貨物について、その輸入の時（特例申告を行う貨物については、特例申告書の提出期限）までに納税申告がないときは、その調査により、本来であれば輸入する際に納付が必要であった当該貨物に係る税額等を決定するとされています。（関税法７十六の二参照）

　これらの行政手続きが取られる場合には、「関税　更正・決定・賦課決定通知書」が送付されます。

　なお、輸入者は、更正・決定に係る通知がされた日の翌日から１か月以内に、この更正・決定に係る税額を納付する必要があります。

2章 税関の税務調査

（納税者住所氏名）

殿

（代理人住所氏名）

殿

関 税 更 正 ・ 決 定 ・ 賦 課 決 定 通 知 書
（内国消費税等更正・決定・賦課決定通知書兼用）

更正・決定・賦課決定 第　　　　号

令和　　　年　　　月　　　日

税関長　　　　　　印

下記の貨物に対する税額を関税法第　　条第　　項、国税通則法第　　条第　　項の規定により更正・決定　したので、関税法第　　条第　　項、国税通則法第72条の100第1項の規定により下記のとおり　賦課決定　しました。

国税通則法第　　条第　　項及び地方税法第72条の100第1項の規定により通知します。

なお、この通知書による　納付すべき税額及び当該税額に係る延滞税は、令和　　年　　月　　日（納期限）　の合計額は次の表のとおりとなります。納付すべき税額及び当該税額に係る延滞税は、令和　　年　　月　　日（納期限）

までに同封の　納税告知書　により納付してください。

記

区	分		金 額
納付すべき税額 の合計額	関 税		円
	税		
	延滞税		
還付する金額の 合計額	関 税		
	税	還付金	
	税	還付金	

この通知書により納付すべき税額及び延滞税額又は還付する金額の合計額計算表

裏面の計算による金額の合計額		
免除する延滞税の額		
開始　関税法第	法定納期限の翌日からこ	
延滞税 12条第9項 による免除	の通知書が発せられた日 までの日数に対応する部 分の金額	

理 由 その他

附 記 事 項

納税告知書の番号　第　　　　号

号	輸入申告書の番号	品	貨	入	輸	物	名			受	区	分		課 税 標 準	税 率	税 額	納付すべき税額又は 公還付する金額	法定納期限
及び 番	記号・番号	番号								科目		関税定率法別表 の所属区分 又は種類等					（更正又は決定による ａ増加した税額又は ｂ減少した税額）	
輸入申告の年月日										日	更 正 前						円	
										関 税	更 正 後							
										税	更 正 前							
											更 正 後							
										税	更 正 前							
											更 正 後							
										税	更 正 前							
											更 正 後							
										税	更 正 前							
											更 正 後							

143

（裏面）

（注意）
（1）延滞税の額の計算式

表記の金額とあわせて納付すべき延滞税の額は、次により計算して得た額又はその合計額です。

$$延滞税の額 = 納付すべき本税の額 \times \begin{bmatrix} 期 \quad 間 \;（日 \quad 数） \\ 法定納期限の翌日 \\ から完納の日まで \end{bmatrix} \times \begin{bmatrix} 延滞税の割合 \;（注） \\ 7.3\% \\ 納期限の翌日から2月を \\ 経過する日後は14.6\% \end{bmatrix} \times \dfrac{1}{365}$$

（注）平成12年1月1日以後の延滞税の割合は、年単位（1/1～12/31）で適用することとなります。具体的には次のとおりです。

	納期限の翌日から2月を経過する日まで	納期限の翌日から2月を経過する日後
平成12年1月1日から平成25年12月31日まで	年「7.3％」と「平成25年12月31日までの各年の前年の11月30日の日本銀行における商業手形の基準割引率＋4％」のいずれか低い割合	14.6％
平成26年1月1日から令和2年12月31日まで	年「7.3％」と「平成26年1月1日以後の各年の特例基準割合（前年に租税特別措置法第93条第2項の規定により告示された割合＋1％）＋1％」のいずれか低い割合	年「14.6％」と「特例基準割合＋7.3％」のいずれか低い割合
令和3年1月1日以後	年「7.3％」と「令和3年1月1日以後の各年の延滞税特例基準割合（前年に租税特別措置法第93条第1項により定められる商業手形の基準割引率＋1％）＋1％」のいずれか低い割合	年「14.6％」と「延滞税特例基準割合＋7.3％」のいずれか低い割合

（2）やむを得ない理由により税額等に誤りがあった場合など、法定納期限後に未納の税額が生じた場合で、そのやむを得ない理由によるものであることについて税関の確認があった場合には、延滞税は免除されます。延滞税の免除を受けるためには、表面に延滞税免除の旨の記載がある場合を除き、延滞税免除申請書を税関に提出する必要があります。

（3）納付すべき本税の額が10,000円未満の場合には、延滞税を納付する必要はありません。また、納付すべき本税の額が10,000円以上であって、その端数が10,000円未満の場合は、その端数を切り捨てた後の税額により延滞税の額を計算することとなります。

（4）計算した延滞税の端数が1,000円未満の場合は、その端数を切り捨てて計算した後の税額が延滞税の額となります。また、計算した延滞税の額が1,000円以上であって、100円未満の延滞税の端数がある場合は、その端数を切り捨て計算します。

（5）消費税及び地方消費税の延滞税の計算については、それぞれの本税の額を合算した額を（1）の納付すべき本税の額として計算することとなります。

◎「不服申立てについて」
この処分について不服がある場合には、この処分の通知を受けた日の翌日から起算して3月以内に税関長に対して再調査の請求又は財務大臣（内国消費税等に係る処分については、国税不服審判所長）に対して審査請求をすることができます。

関税更正・決定・賦課課決定通知書（つづき）（その　）

番号	輸入申告書の番号及び輸入申告の年月日	輸入貨物 記号・番号	品名	受入科目	区分	関税定率法別表の所属区分、又は種類等	課税標準	税率	税額	納付すべき税額又は△還付する金額〔更正又は再決定により増加した税額又は△減少した税額〕	法定納期限
				関税	更正前 更正後				円	円	
				税	更正前 更正後						
				税	更正前 更正後						
				税	更正前 更正後						
				関税	更正前 更正後				円	円	
				税	更正前 更正後						
				税	更正前 更正後						
				税	更正前 更正後						
				関税	更正前 更正後				円	円	
				税	更正前 更正後						
				税	更正前 更正後						
				税	更正前 更正後						
				関税	更正前 更正後				円	円	
				税	更正前 更正後						
				税	更正前 更正後						
				税	更正前 更正後						

2章　税関の税務調査

145

関税更正・決定・賦課決定通知書（別紙）
（内国消費税等更正・決定・賦課決定通知書兼用）

理由その他附記事項

A2 　納税者の選択により「**再調査の請求**」や「**審査請求**」を行うことができます。

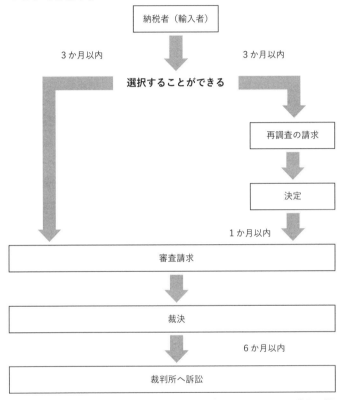

※関税の確定若しくは徴収に関する処分又は滞納処分の場合と、いわゆるわいせつ物品及び児童ポルノに該当する旨の通知の場合には、原則として、審査請求の裁決が行われた後でなければ、裁判所に訴えを提起することはできません。

　税関長の処分に不服があるときは、納税者（輸入者）は処分の通知を受けた日の翌日から3か月以内に税関長に再調査の請求を行うか財務大臣に対して審査請求を行うか選択することができます。

　このうち再調査の請求を行う場合には、再調査の請求書を提出し、税関長はその処分が正しかったのか調査を行いその結果

を決定書により請求人に通知します。

　この再調査の請求についての決定について、なお不服がある場合には、決定書の送達があった日の翌日から1か月内に財務大臣に対して審査請求を行うことができます。

　次に審査請求についてですが、これらについては審査請求書を提出することにより、財務大臣がその処分が正しかったのかどうかを調査・審理し、その結果を裁決書で請求人に通知します。

　最終的に財務大臣の判断になお不服がある場合には、裁決書の送達を受けた日から6か月以内に裁判所へ訴えを提起することとなります。

（関税法第89条〜第93条、行政不服審査法第18条、第54条、行政事件訴訟法第14条参照）

関税に関する行政処分に不服があるとき 財務大臣に対して不服申し立てを行うことができる

消費税に関する行政処分に不服があるとき 国税不服審判所に対して不服申し立てを行うことができる

参考：国税不服審判所HP
　国税通則法の規定上、国税には、国が課する税のうち関税、とん税及び特別とん税は含まれません。
　したがって、税関長が行う関税等に係る処分は、国税通則法に基づく不服申立ての対象とはなりません。
　なお、税関長が行う輸入品に係る申告消費税等の更正、決定及び滞納処分は、国税に関する法律に基づく「税関長がした処分」に当たりますので、これらの処分については国税通則法の不服申立ての対象となります。

⑨ 加算税の取扱い

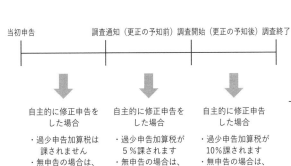

同一の税目について、過去5年以内に無申告加算税又は重加算税を課されたことがある輸入者については、無申告加算税及び重加算税が10%加算されます

当初申告 / 調査通知（更正の予知前）調査開始（更正の予知後）調査終了

自主的に修正申告をした場合

・過少申告加算税は課されません
・無申告の場合は、無申告加算税が5％課されます

自主的に修正申告をした場合

・過少申告加算税が5％課されます
・無申告の場合は、無申告加算税が10％課されます

自主的に修正申告した場合

・過少申告加算税が10％課されます
・無申告の場合は、無申告加算税が15％課されます

重加算税について

・隠蔽、仮装による申告の場合
　→35％課されます
・隠蔽、仮装による無申告の場合
　→40％課されます

・無申告加算税は25％課されます
・隠蔽、仮装による申告の場合の重加算税
　→45％課されます
・隠蔽、仮装による無申告の場合の重加算税
　→50％課されます

　事後調査制度は、申告納税制度の導入に伴い1968年から実施されていますが、導入当初の役割や機能は、主に輸入審査の支援や輸入者指導が中心でした。

　また、仮に調査で非違が発見されたとしても、本来の納税額と延滞税を納付するというルールになっていました。

　そこで、課税の公平性と輸入申告の適正化のために平成9年度に「過少申告加算税」と「無申告加算税」が導入されました。

　しかしながら、これらの加算税制度の導入後も悪質な輸入者が減少しないことから、平成17年度から「重加算税制度」が導入され隠蔽・仮装により納税申告をしなかったり誤った申告を行った者に対して重加算税が課されることとなりました。

　近年では、平成29年1月1日以降に法定納期限が到来する関税及び輸入品に対する内国消費税等に課される加算税について、調査の通知

日以後、更正の予知前に修正申告等が行われた場合には5％の過少申告加算税又は10％の無申告加算税が課されることとなり、当初納税申告の適正化と自主的な修正申告の履行が求められています。

1. 過少申告加算税

　前ページの図解のとおり、過少申告加算税が課される段階は、大きく三段階に分かれます。

　始めに、輸入申告後に自主的に間違いに気付いて修正申告を行った場合については過少申告加算税が課されることはありません。

　また、過少申告であったことが正当な理由であると認められる部分がある場合には、この部分についても過少申告加算税が課されないこととなっています。

　次に、調査の通知を受けた日の翌日から更正の予知前に自主的に修正申告を行った場合には、新たに納めることとなった税額の5％相当額について過少申告加算税が課されることとなります。

　最後に、事後調査の開始後（更正予知後）に行われる修正申告又は更正が行われた場合には、原則として、修正申告等により納付すべき税額（当初申告より増加した税額）の10％の過少申告加算税が課されることとなります。（関税法12の2①）

　なお、事前通知後に行われた修正申告等により増差税額が、当初の申告税額と50万円のいずれか多い額を超える部分については過少申告加算税が5％加重となります。（関税法12の2②）

　また、関税法（94の2又は94の3）の要件等を満たした電子帳簿に記録された事項について修正申告等が行われた場合には、修正申告等により増加した税額の5％に相当する金額の過少申告加算税が軽減されます（重加算税の対象となる事項がある場合には適用されません）。

　申告内容については、自主点検を行い誤りに気付いた段階で早期に

修正申告を行うことが過少申告加算税の軽減につながります。

2．無申告加算税

　無申告加算税についても、過少申告加算税のように課される段階が、大きく三段階に分かれます。

　始めに、本来であれば輸入申告が必要であった貨物について、調査の通知が行われる前までに申告等が行われた場合には5％の無申告加算税が課されます。

　なお、無申告であったことが正当な理由によるものであると認められる場合には、無申告加算税は課されることはありません。

　次に、調査の通知を受けた日の翌日から更正の予知前に自主的に修正申告等を行った場合には、新たに納めることとなった税額の10％相当額について無申告加算税が課されることとなります。

　最後に、輸入申告が行われずに輸入された貨物で、期限後特例申告書を提出した場合、税関長の決定があった場合又は決定後に修正申告又は更正があった場合には、納付すべき税額の15％相当額の無申告加算税が課されます。

　なお、決定等により納付すべき税額が50万円を超える部分については、無申告加算税が5％加重となります。（関税法12の3②）

3．重加算税

　輸入者が過少申告加算税を課される場合において、その課税価格等の基礎となる事実について隠蔽又は仮装行為を行って申告をしていたときは、過少申告加算税に代えて35％に相当する金額の重加算税が課されます。

　また、無申告加算税についても輸入者が隠蔽又は仮装行為を行って輸入申告をしていなかったときは、無申告加算税に代えて40％に相当

する金額の重加算税が課されます。

　なお、同一の税目につき過去5年以内に無申告加算税又は重加算税が課されたことがある輸入者に課される無申告加算税及び重加算税の割合が10％加算されることとなりました。

　これは、意図的に無申告や隠蔽・仮装を繰り返す悪質な行為を防止するという目的があります。

　また、電磁的記録等に関して隠蔽又は仮装による申告漏れ等について課された重加算税については割合が10％加算されることとなりました。（関税法94の5、12の2、12の3、12の4参照）

　こちらについては、電磁的記録等は紙媒体と比べてデータの改ざん等が行い易いうえに、その痕跡が残りにくいことから、このような行為を防止するために導入されています。

　具体的に重加算税が課される隠蔽又は仮装とは次のような例示がされています。

関税基本通達12の4-1　（隠蔽又は仮装に該当する場合）

　法第12条の4第1項又は第2項に規定する「関税の課税標準等又は納付すべき税額の計算の基礎となるべき事実の全部又は一部を隠蔽し、又は仮装し」とは、例えば、次に掲げるような事実がある場合をいう。

⑴　次に掲げる事実があること

イ　仕入帳、総勘定元帳等の帳簿、発注書、往復文書等の原始記録、契約書、仕入書、運賃明細書、保険料明細書、包装明細書、価格表等の証拠書類、貸借対照表、損益計算書、勘定科目内訳明細書、棚卸表等の決算関係書類その他輸入貨物の課税標準150を明らかにする書類（以下この項において「帳簿書類」という。）を破棄又は隠匿していること

ロ　帳簿書類の改ざん（偽造及び変造を含む。以下この項において同じ。）、帳

簿書類への虚偽記載、相手方との通謀による虚偽の書類の作成、意図的な集計違算等を行っていること

ハ　特定の税率を適用するため、原産地証明書等証明書その他の書類を改ざんし、又は虚偽の申請に基づき当該証明書の交付を受けていること

ニ　税関長の輸入の許可を受けないで貨物を輸入しようとすること

(2)　事後調査の際の具体的事実について税関職員の質問に対し虚偽の答弁等を行ったこと若しくは他の者に虚偽の答弁等を行わせたこと又はその他の事実関係を総合的に判断して、申告時において、例えば、上記(1)に掲げるようなことに該当していることが、合理的に推認できること

4．重加算税が課された事例

　ここで、近年で重加算税が課された事例を紹介したいと思います。

　なお、事例の中で申告漏れ等とあるものは、課税価格に申告漏れがあったものの他、適用税率に誤りがあったものを含みます。

　また、追徴税額とは、納付不足税額と課税価格の申告額が過少であった場合等に課される加算税額が合算されています。

【事例①】輸入者自らがインボイスを改ざんした事例（令和３事務年度）

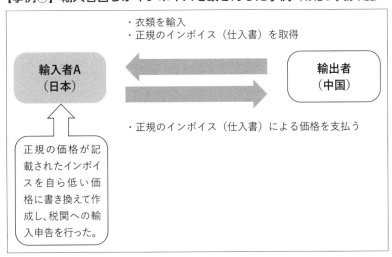

・衣類を輸入
・正規のインボイス（仕入書）を取得

輸入者A（日本）　　　　　　輸出者（中国）

・正規のインボイス（仕入書）による価格を支払う

正規の価格が記載されたインボイスを自ら低い価格に書き換えて作成し、税関への輸入申告を行った。

輸入者Ａは、中国の輸出者から衣類を輸入していました。Ａは、輸入申告前に正規の価格を認識していましたが、正規の価格が記載されたインボイスを基に、自ら正規の価格よりも低い価格に書き換えたインボイスを作成し、課税価格の計算の基礎となる事実を隠蔽・仮装して、低い価格が記載されたインボイスに基づき申告していました。

　結果として、不足していた課税価格は１億1,619万円、追徴税額は2,947万円（このうち重加算税は727万円）でした。

　同様のスキームを使った事例は毎年のように税関から指摘がされています。

（令和２事務年度）

　輸入者Ｂは、中国の輸出者からペット用品を輸入していました。Ｂは、輸入申告前に正規の価格を認識していましたが、正規の価格が記載されたインボイスを基に自ら正規の価格よりも低い価格でインボイスを作成し、課税価格の計算の基礎となる事実を隠蔽・仮装して、低い価格が記載されたインボイスに基づき申告していました。

　結果として、申告漏れ課税価格は8,983万円、追徴税額は1,650万円（このうち重加算税は410万円）でした。

（令和元事務年度）

　輸入者Ｃは、中国の輸出者からプラスチックペレット等を輸入していました。Ｃは、輸入申告前に正規の価格を認識していたが、正規の価格が記載されたインボイスを基に自ら正規の価格よりも低い価格でインボイスを作成し、課税価格の計算の基礎となる事実を隠蔽・仮装して、低い価格が記載されたインボイスに基づき申告していました。

　結果として、申告漏れ課税価格は5,107万円、追徴税額は859万円（このうち重加算税は217万円）でした。

【事例②】 輸出者に低価インボイスを作成させた事例 （令和元事務年度）

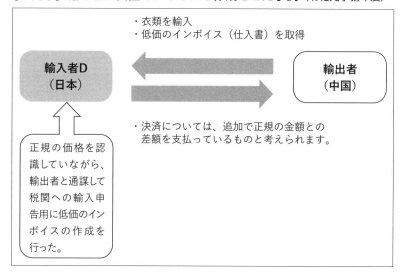

・衣類を輸入
・低価のインボイス（仕入書）を取得

輸入者D
（日本）

輸出者
（中国）

・決済については、追加で正規の金額との
　差額を支払っているものと考えられます。

正規の価格を認識していながら、輸出者と通謀して税関への輸入申告用に低価のインボイスの作成を行った。

　輸出者Dは、中国の輸出者から衣類を輸入していました。Dは、輸入申告前に正規の価格を認識していましたが、輸出者と通謀し、輸出者に正規の価格よりも低い価格でインボイスを作成させ、課税価格の基礎となる事実を隠蔽・仮装して、低い価格が記載されたインボイスに基づき申告していました。

　結果として、申告漏れ課税価格は1億957万円、追徴税額は2,762万円（このうち重加算税は687万円）でした。

【事例③】輸出者と通謀して偽った製造工程書を作成した事例 （令和3事務年度）

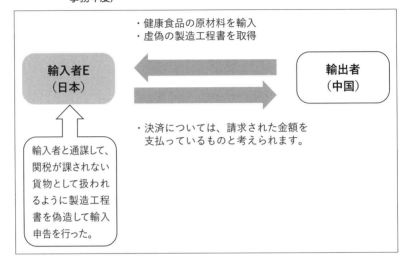

　輸入者Eは、中国の輸入者から健康食品の原料を輸入していました。Eは、輸入申告前に輸入貨物には関税が課されることを認識していましたが、輸出者と通謀し、虚偽の製造工程書を輸出者に作成させ、納付すべき税額の計算の基礎となる事実を隠蔽・仮装して、関税が課されない輸入貨物として申告していました。

　結果として、申告漏れ課税価格は追徴税額は264万円（このうち重加算税は21万円）でした。

【事例④】低価であることを知りながら是正せずに輸入申告をした事例（令和2事務年度）

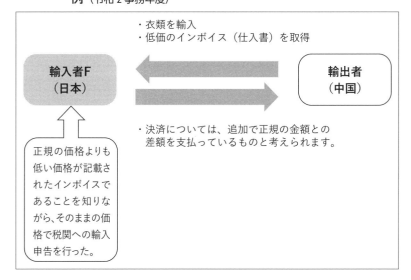

輸入者Ｆは、中国の輸入者から衣類を輸入していました。Ｆは輸入申告前に正規の価格を認識していましたが、輸出者から送付されたインボイスに記載された価格が正規の価格よりも低いことを知りながら、何ら是正することなく、税を免れる意図を持って、その課税価格の計算の基礎となる事実を隠蔽・仮装して、低い価格が記載されたインボイスに基づき申告していました。

結果として、申告漏れ課税価格は3,545万円、追徴税額は796万円（このうち重加算税は109万円）でした。

その他に、令和5年11月に公表された令和4事務年度の最新事例を紹介します。

【事例⑤】：輸入者が自らインボイスを改ざんした事例

輸入者Ｇは、中国の輸出者から電熱グローブ等を輸入していました。Ｇは、正規の価格が記載されたインボイスを基に、自ら正規の価格よ

りも低い価格に書き換えたインボイスを作成し、課税価格の計算の基礎となる事実を隠蔽・仮装して、当該インボイスに基づき申告していました。

結果として、不足していた課税価格は8,721万円、追徴税額は1,846万円（うち重加算税256万円）でした。

【事例⑥】：輸出者と通謀して虚偽のインボイスを作成した事例

輸入者Hは、ニュージーランドの輸出者からサプリメントを輸入していました。Hは、輸入申告前に正規の価格を認識していましたが、輸出者と通謀して、取引価格よりも低い価格を記載した虚偽のインボイスを輸出者に作成させ、課税価格の計算の基礎となる事実を隠蔽・仮装して、当該インボイスに基づき申告していました。

結果として、不足していた課税価格は1,705万円、追徴税額は561万円（うち重加算税142万円）でした。

近年の重加算税の課された事例を紹介しましたが、それ以前からも自らが行うインボイスの改ざんや取引先と通謀して決済用とは別に通関用の偽造インボイスを作成する事案が多数見受けられます。

税関当局も常に目を光らせています。低価申告（アンダーバリュー）や二重インボイスの作成は、悪質な行為なので絶対にやめましょう。

なお、令和5年度税制改正により、関税の加算税制度についても、輸入者による適正な申告を確保する観点から、納税額が300万円を超える部分に係る関税の無申告加算税の割合を20％から30％に引き上げるとともに、前年及び前々年の関税について無申告加算税等を課される者が更なる無申告行為を行う場合には、無申告加算税等を10％加重する措置などが新設されました。

この改正は、令和6年1月1日以後に法定申告期限が到来する国税

について適用されます。

・税関への相談等について

　税関では、輸出入手続きや税番・税率等に関する問い合わせ窓口が設けられています。

　よくある手続きについては「カスタムアンサー（税関手続FAQ）」が税関ホームページで閲覧可能となっているほか、一般的な輸出入手続きに関する問い合わせや相談・苦情を処理する部署として各税関に税関相談官が設置されています。

　税関相談官の役割は、相談等の依頼者に対して正しい知識を供与し、あるいは誤解を解き、更には必要に応じ手続等の是正や改善措置を講ずることによって、適正かつ円滑な税関行政の推進を図ることとされています。

　この他にも、事前教示制度というものがあり、輸入者が輸入を予定している貨物について関税分類（税番）や関税率等についてあらかじめ税関に照会を行い、回答を受けることができる制度となっています。

　この制度を利用することにより、輸入者は事前に適用される税率が分かるので、原価計算の予測が可能となります。そのため、輸入計画や販売計画の立案について役立つとも考えられます。

　また、税番や関税率等が判明していることは、通関の際にも適正かつ迅速な申告を可能とするので早期に貨物を引き取れるというメリットをもたらします。

　なお、事前教示制度は、原則として文書により照会が行われ、税関からも事前教示回答書という文書により回答がされます。

　この事前教示回答書による内容は、輸入申告の審査の際に尊重され

その有効期限は回答書が発出されてから3年間とされています（法令等の改正により取扱いが変わった場合等には尊重されませんので注意が必要です）。

照会については、口頭やEメールでも行うことができますが、口頭による照会は輸入申告の審査の際に尊重されることはないので、できる限り文書による方法が望ましいといえます(Eメールによる照会は、一定の条件を満たす場合に事前教示回答書が渡されます)。

文書による照会を希望する場合には、「事前教示に関する照会書（税関様式C第1000号）」の提出が必要となります。

照会される内容によっては、回答できないものもありますが、原則として回答については、書類を受理してから関税分類（税番）及び原産地、減免税については30日以内とし関税評価については、90日以内行われることとなっています。

また、文書回答の内容は、回答後に税関のホームページで公開されます。

○自主点検チェックリスト

　次に掲げるチェックリストは、課税価格への加算漏れ等、事後調査で指摘が多い項目をまとめたものです。

　早期の修正申告が加算税等の軽減につながりますので参考にしてみてください。

　なお、全ての論点を網羅しているものではありませんので、該当する項目以外にも不明な事項や間違いが疑われる事項については、通関手続きを依頼している通関業者や最寄りの税関へお尋ねください。

■ 自主点検チェックリスト

適切な課税価格で申告がされているか確認すべき事項

☐仕入書（インボイス）価格が前払金、仮払金などを差し引いた金額になっている。

☐仕入書（インボイス）価格が、クレームの相殺や債権債務の相殺による値引き後の金額となっている。

☐輸入貨物について、開発費や検査費用の支払いがある。

☐船会社に対して、積地滞船料など追加運賃の支払いがある。

☐輸入取引について、輸出者（売手）以外の第三者に対する仲介手数料の支払いがある。

☐容器業者等へ、運搬具（タンクなどの容器）の支払いがある。

☐輸入貨物について、金型費用や金型の修理費用等の支払いがある。

☐輸入貨物について、包装費用や保管料などの支払いがある。

☐輸入貨物について、無償での原材料等の提供がある。

☐輸入貨物について、無償での金型等の提供がある。

☐輸入貨物について、本邦以外で開発されたデザイン等の無償提供がある。

☐輸入貨物について、特許権や商標権の使用に伴うロイヤルティやライセンス料の支払いがある

☐輸入貨物について、処分又は使用の制限による価格設定がされた展示品等がある。

☐価格調整条項付契約により暫定価格で取引されたものがある。

☐特殊関係者間における輸入取引で取引価格がその影響を受けている。

☐商品サンプルや代替品など無償での貨物の輸入がある。

その他に指摘が多い事項

☐申告した通貨に誤りがある。（JPY と USD の間違いなど）

☐特恵税率や EPA 税率の適用要件を満たしていない。（原産地証明書の不備など）

☐輸入申告の際に適用した税番・税率に誤りがある。

☐課税漏れになっている国際郵便や国際宅急便がある。

☐二重インボイスによる低価申告（アンダーバリュー）が生じている。

4 犯則調査について

　犯則調査とは、不正な手段により故意に関税を免れた納税義務者（輸入者）に対して、犯罪調査に準ずる方法で、その事実の解明を行う調査です。

　その役割は、関税ほ脱に関する大口・悪質な脱税者の刑事責任を追及することで、適正かつ公平な課税を実現することにあります。

　通常の事後調査とは、次元の違う厳しい調査となっており、事実の解明のために、関税法の規定に基づき、任意で犯則嫌疑者又は参考人に対して、出頭を求め、質問したり、所持する物件などを検査するほか、必要があれば、裁判官があらかじめ発する許可状により、臨検、捜索、差押といった強制調査が実施されます。

　なお、調査の担当するのは税関の調査部門のうち統括審理官や特別審理官等となります。

　そして、犯則調査の実施により、証拠の発見収集、反則事実の有無や反則者の確定が行われ、不正な手段により故意に関税を免れたもの等（犯則）の心証を得たときは、税関長による通告処分や検察官への告発が行われます。

2章

税関の税務調査

犯則調査の処分

通告処分 　　　　　　　　　　　　告発処分

犯則調査の結果、その情状が罰金刑に
相当するときに税関長が罰金に相当す
る金額の納付を求める行政処分です。
なお、犯則者がこれに応じないときは検
察官に告発することとなります。

犯則調査の結果、その情状が懲役刑に
相当するとき、又は通告処分を履行する
資力がないとき等に、検察官に告発し、
刑事手続きに移行するものです。

申告納税方式が適用される貨物に係る犯則事件については、
通告処分を行うことなく、
直ちに検察官に告発することになりました（平成17年10月から）。
（関税法144）

・最近の告発事例について

　ここ近年の犯則調査の実績について紹介したいと思います。

　令和2年度及び3年度は新型コロナウイルスが蔓延していた影響も
あり大きく件数や脱税額も減少していましたが、令和4年度は、コロ
ナ前の数値に戻りつつあります。

■ 関税等脱税事件に係る犯則調査の状況

	平成30年度 (平成30年7月1日~ 令和元年6月30日)	令和元年度 (令和元年7月1日~ 令和2年6月30日)	令和2年度 (令和2年7月1日~ 令和3年6月30日)	令和3年度 (令和3年7月1日~ 令和4年6月30日)	令和4年度 (令和4年7月1日~ 令和5年6月30日)
告発件数	12（10）	9（7）	4（2）	2（2）	3（2）
通告件数	524（394）	262（192）	32（18）	37（11）	166（123）
処分件数 合計	536（404）	271（199）	36（20）	39（13）	169（123）

（　）内の数値は金地金の件数を示します。　　　　　　（税関ホームページより）

■ 品目別処分実績

品目	平成30年度 (平成30年7月1日〜令和元年6月30日)		令和元年度 (令和元年7月1日〜令和2年6月30日)		令和2年度 (令和2年7月1日〜令和3年6月30日)		令和3年度 (令和3年7月1日〜令和4年6月30日)		令和4年度 (令和4年7月1日〜令和5年6月30日)	
	件数	脱税額	件数	脱税額	件数	脱税額	件数	脱税額	件数	脱税額
金地金	404	96,004	199	36,071	20	8,913	13	2,048	125	16,714
たばこ	89	949	33	344	5	418	3	122	14	877
腕時計	19	1,547	24	1,996	4	294	11	2,147	15	1,214
バッグ類	11	671	8	150	7	2,499	14	3,219	11	947
アクセサリー類	4	97	8	316	3	14	5	233	4	129
衣類	2	17	4	4,780	3	40	—	—	4	189
化粧品	1	1	—	—	2	0	3	1	—	—
食品・酒	2	0	1	0	—	—	1	0	1	6
その他	13	6,537	11	1,522	5	32,653	4	226	6	1,202
合計	545	105,823	288	45,179	49	44,831	54	7,996	180	21,278

「0」は5,000円以下で「—」は数値が無いことを意味します。

（税関ホームページより）

　全体的に通常の事後調査に比べても犯則調査の件数自体は少ない傾向にありますが、特筆すべき点として金の密輸による摘発の割合が高いことが挙げられます。

　令和元年度の数値では、処分された事件のうち約7割を占めており脱税額も約3億6,000万円となっておりました。

　税関当局も「ストップ金密輸」緊急対策という施策を掲げて対応をしていますが、アクセサリーに加工をしたり、下着に隠すなど、ありとあらゆる方法で密輸が行われています。

　このような金の密輸を利用した消費税脱税スキームが大きな問題と

2章

税関の税務調査

なりましたが、その構図は次の通りです。

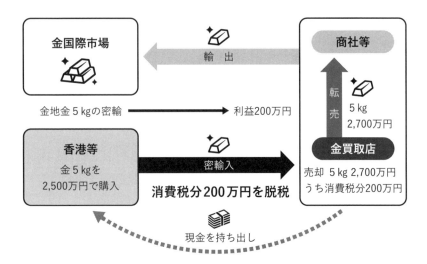

　このように、金の密輸行為を行うことで、消費税相当分の金額が利益として稼得できる仕組みになっていました。

　そこで、平成30年の税制改正において罰則の強化が行われ、輸入取引に係る消費税の脱税額の10倍が1,000万円を超える場合には、罰金刑の上限は脱税額の10倍となりました。

消費税法第64条

　次の各号のいずれかに該当する者は、10年以下の懲役若しくは1,000万円以下の罰金に処し、又はこれを併科する。

一　偽りその他不正の行為により、消費税を免れ、又は保税地域から引き取られる課税貨物に対する消費税を免れようとした者

二　偽りその他不正の行為により第52条第1項又は第53条第1項若しくは第2項の規定による還付を受けた者

4　第1項の犯罪（同項第1号に規定する保税地域から引き取られる課税貨物

に対する消費税を免れ、又は免れようとした者に係るものに限る。）に係る
保税地域から引き取られる課税貨物に対する消費税に相当する金額の10倍が
1,000万円を超える場合には、情状により、同項の罰金は、1,000万円を超え
当該消費税に相当する金額の10倍に相当する金額以下とすることができる。

　また、仕入税額控除に関しても次のような規定が新たな対策として
設けられました。

（1）　密輸品と知りながら行った課税仕入れに係る仕入税額控除の制限 （平成31年4月1日以後に行う課税仕入れから適用）
課税仕入れを行う事業者が、課税仕入れを行う際に、買い取る資産が密輸品（納付すべき消費税を納付せずに保税地域から引取られた課税貨物）であることを知っていた場合には、その課税仕入れに係る消費税額について、仕入税額控除の適用を受けることができないこととされました。
（2）　金又は白金の地金の課税仕入れを行った場合の本人確認書類の保存 （令和元年10月1日以降に行う課税仕入れから適用）
事業者が、金又は白金の地金の課税仕入れを行った場合において、その課税仕入れの相手方の本人各書類が保存されていない場合には、その課税仕入れに係る消費税額について、仕入税額控除の適用を受けることができないこととされました。

この他にも、告発事例のうち税関が公表している事例は次の通りです。

【告発事例①】（令和2事務年度）
　眼鏡や日用雑貨等を輸入する際に、本来申告すべき価格よりも低い価格で輸入申告を行い、関税等約3億2,647万円を不正に免れていた事案について、反則者A及び犯則会社Bが告発されました。

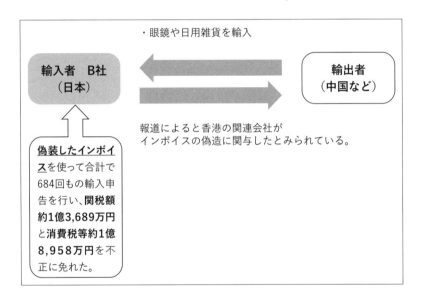

　新聞報道によると、B社は眼鏡フレームや生活用品の製造・販売行う会社で年商は50億円規模とされています。なお、A氏は同社の社長とされています。
　告発を行った税関によると、B社は2016年4月から2019年3月にかけて、中国などのメーカーから購入した眼鏡や日用雑貨を輸入する際に、合計で684回にわたって購入価格を実際より低く偽って税関に申告し、関税計約1億3,689万円と消費税・地方消費税計約1億8,958万円を不正に免れたようです。

【告発事例②】（令和2事務年度）

　合成皮革製鞄を輸入する際に、本来申告すべき価格よりも低い価格で輸入申告を行い、関税等約1,937万円を不正に免れていた事案について、反則者C及び犯則会社Dが告発されました。

【告発事例③】（令和元事務年度）

　税関が実施している輸入事後調査を端緒として、反則者Eがアメリカ等から高級自動車14台を輸入する際に、自動車の価格を低価に偽った仕入書を提出して申告することにより、消費税額等約1,370万円を不正に免れていた事案が告発されました。

　犯則調査の該当する事案は、刑事罰だけでなく報道等により社会的な制裁を受けることになります。金の密輸など社会悪となる犯罪行為には、絶対に手を染めないようにしましょう。

　なお、税関では、様々な情報源から日々調査情報の収集を行っています。麻薬や拳銃など国民生活の安全を脅かすものや経済へ悪影響を与える知的財産を侵害する物品など悪質な事案に対する窓口のひとつとして密輸ダイヤル（0120-461-961）や密輸情報提供サイトが設けられています。

税務署職員と税関職員の方は、同じ「税」に関する仕事に従事されていますが、税理士目線で見ると違う所があります。

ここにいくつかご紹介させていただきたいと思います。

・制服やバッジの支給

税関職員の方は、制服や役職ごとの階級章が支給されます。

これに関しては、税関が実施したアンケートで、空港は似たような制服を着用した職員が多いので、差別化をした方がより一般の方が理解しやすくなるという意見や水際での取締りを行っているので警察と同様に威厳のあるユニフォームで日本国の取締りを行って欲しいという意見が寄せられています。

税務署職員の方にも部署によっては、広報や納税意識の高揚のために、このような制度が導入されても良いのではないでしょうか。

・小型武器の所持

税関職員の方は、関税法第104条の規定により輸出入についての取締又は犯則事件の調査に当たり特に必要があるときは、小型の武器（拳銃）の携帯や使用が認められています。

これは、職務上、麻薬などの不正薬物や銃器の摘発といった身心に危険が及ぶ業務もあることから設けられた規定だと考えられますが、実務上は武器を携帯することはないそうです。

税務署職員の方も調査の際に激高した納税者の方からガラスのコップやお皿を投げつけられたり、包丁を振り回されたという話を聞いたことがあります。

このように、税務署職員の方にも身心に危険を感じる事案があるの

で、同様の規定があっても良いように感じますが、税務に関しては、お互いに武装するのは「理論武装」であって、どんな時も対話により解決が図られることを願ってやみません。

■ 税関職員の制服（参考）

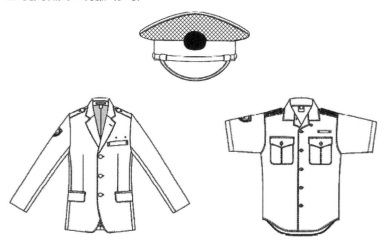

3章 消費税の更正の請求の実務

1 「国税通則法」と「消費税法」の更正の請求

　税関からの指摘により修正申告をした結果、追徴税額を納付したとしても、その内の消費税等については、期限内に税務署へ更正の請求をすることにより還付を受けることができます。

　そこで、ここからは、税関の税務調査後に税理士が行う手続きである更正の請求について確認をしていきたいと思います。

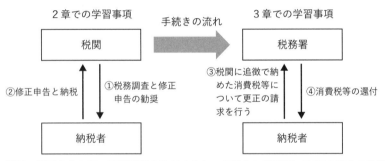

　税関へ修正申告を行い追徴税額を納付すると、反射的に税務署へ更正の請求の手続きを行う必要が生じます。

　更正の請求とは、既に行った税務申告について、税額が多すぎた場合や還付金が少なかった場合に税務署長に対して減額更正を求める手続きのことをいい、その根拠法令は国税通則法第23条又は消費税法第56条にあります。

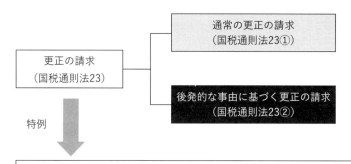

※ 更正の請求は、原則として無申告により決定を受けた場合には、できない
　ものとされています。
　消費税法56では、国税通則法23①②のいずれの規定の該当しない場合で
　も、手続きができるように特例的な措置が設けられています。

　このうち国税通則法第23条第1項は、いわゆる通常の更正の請求と
呼ばれるもので次のように規定されています。

国税通則法第23条第1項（国税通則法の原則）

　納税申告書を提出した者は、次のいずれかに該当する場合には、当該申告書
に係る国税の法定申告期限から5年以内に限り、税務署長に対し、更正の請求
をすることができる。

一　その申告書に記載した課税標準等若しくは税額等の計算が国税に関する法
　律の規定に従っていなかったこと又は当該計算に誤りがあったことにより、
　当該申告書の提出により納付すべき税額が過大であるとき。

二　一に規定する理由により、その申告書に記載した純損失等の金額が過少で
　あるとき、又は純損失等の金額の記載がなかったとき。

三　一に規定する理由により、その申告書に記載した還付金の額に相当する税
　額が過少であるとき、又は還付金の額に相当する税額の記載がなかったとき。

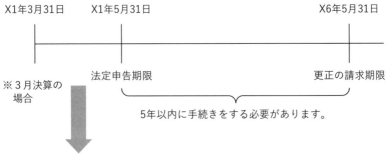

そして、第23条第 2 項は後発的な事由に基づく更正の請求と呼ばれており、通常は、法定申告期限から 5 年以内とされている更正の請求期限について、次のように規定しています。

国税通則法第23条第 2 項（後発的な事由に基づく更正の請求）

　納税申告書を提出した者又は決定を受けた者は、次のいずれかに該当する場合には、第 1 項の規定にかかわらず、次に定める期間において、更正の請求をすることができる。

一　その申告、更正又は決定に係る課税標準等又は税額等の計算の基礎となった事実に関する訴えについての判決等により、その事実がその計算の基礎としたところと異なることが確定したとき…その確定した日の翌日から起算して 2 か月以内

二　その申告、更正又は決定に係る課税標準等又は税額等の計算に当たってその申告をし、又は決定を受けた者に帰属するものとされていた所得その他課税物件が他の者に帰属するものとする当該他の者に係る国税の更正又は決定があったとき…その更正又は決定があった日の翌日から起算して 2 か月以内

三　その他国税の法定申告期限後に生じた一及び二に類するやむを得ない理由があるとき…その理由が生じた日の翌日から起算して 2 か月以内

```
X1年3月31日   X1年5月31日                    X6年5月31日
   ├──────────┼────────────┼──────────────────┼─────────────┤
              法定申告期限      後発的な事由    国税通則法23①    国税通則法23②
                           が発生        の更正の請求期限    の更正の請求期限
※3月決算の場合
```

2か月以内に手続きをする必要
があります。

・その申告、更正又は決定に係る課税標準等又は税額等
の計算の基礎となった事実に関する訴えについての判
決等により、その事実がその計算の基礎としたところ
と異なることが確定した場合など

　国税通則法は、このように2通りの規定から構成されており、決定
を受けた者については、第23条第2項のような後発的な事由に該当す
る場合についてのみ更正の請求を行うことができるものとされていま
す。

　そこで、消費税法第56条では、国税通則法のいずれにも該当しない
場合についても更正の請求ができるように次のような特例規定が設け
られています。

消費税法第56条
(前課税期間の消費税額等の更正等に伴う更正の請求の特例)

第1項　前課税期間の消費税額等の更正等に伴う更正の請求の特例

　確定申告書等に記載すべき金額につき、修正申告書を提出し、又は更正若しくは決定を受けた者は、これらに伴い、その修正申告書又は更正若しくは決定に係る課税期間後の各課税期間で決定を受けた課税期間の納付税額が過大となる場合又は還付税額が過少となる場合には、その修正申告書を提出した日又はその更正若しくは決定の通知を受けた日の翌日から2か月以内に限り、税務署長に対し、更正の請求をすることができる。

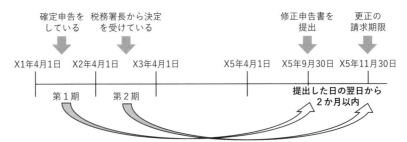

・第2期 (X2年4月1日からX3年3月31日事業年度) の課税売上が第1期 (X1年4月1日からX2年3月31日事業年度) の売上であった事が判明し、第1期の修正申告をX5年9月30日に行いました。この場合、修正申告書に係る課税期間後の各課税期間で決定を受けた課税期間である第2期については、納付税額が過大となっているので、消費税法第56条第1項の規定により修正申告書を提出した日の翌日から2か月以内に限り更正の請求書を提出することができます。

第2項　課税貨物に係る消費税額等の更正等に伴う更正の請求の特例

　引取申告書に記載すべき金額につき、修正申告書を提出し、又は更正若しくは決定等を受けた者は、これらに伴いその修正申告書又は更正若しくは決定等に係る課税期間で決定を受けた課税期間の納付税額が過大となる場合又は還付税額が過少となる場合には、その修正申告書を提出した日又はその更正若しくは決定等の通知を受けた日の翌日から2か月以内に限り、税務署長に対し、更正の請求をすることができる。

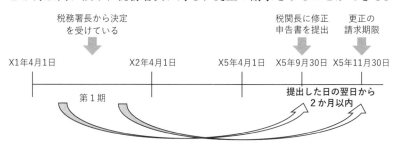

・第1期（X1年4月1日からX2年3月31日事業年度）中に保税地域から引取った課税貨物に係る消費税について納付税額が不足していることが判明し、税関長に対して第1期の修正申告をX5年9月30日に行いました。
　この場合、修正申告書に係る課税期間で決定を受けた課税期間である第1期については、納付税額が過大となっているので、消費税法第56条第2項の規定により修正申告書を提出した日の翌日から2か月以内に限り更正の請求書を提出することができます。

消費税法第56条を理解するポイント

　ここまで、国税通則法と消費税法の更正の請求を確認しましたが、無申告で税務署長から決定による処分を受けた場合には、国税通則法第23条第1項の原則による「更正の請求」をすることはできないものとされています。また、国税通則法第23条第2項の適用も限定的なケースとなっています。

　そこで、消費税法第56条の規定によって、課税資産の譲渡等について消費税の修正申告を行ったことや税関長へ課税貨物に係る輸入消費税の修正申告を行ったことにより、決定を受けた課税期間の納付税額が過大となる場合や還付金の額が過少となる場合でも、特例として修正申告書を提出した日等の翌日から2か月以内に限り、税務署長へ更正の請求ができるようになります。

　このように、国税通則法第23条第2項や消費税法第56条を適用する更正の請求は、例外的でレアケースといえます。

　実務上、税関の事後調査が行われた後に税務署長へ更正の請求を行うのは、国税通則法第23条第1項を根拠とする場合が多いものと考えられます。

○更正の請求の手続き

　国税通則法第23条第3項において、更正の請求をしようとする者は、その請求に係る更正後の課税標準等又は税額等、その更正の請求をする理由、更正の請求をするに至った事情の詳細、更正の請求に係る更正前の納付すべき税額及び還付金の額に相当する税額その他参考となるべき事項を記載した更正請求書を税務署長に提出しなければならないと規定されています。

　これらの「事実を証明する書類」の添付は、平成24年2月2日以後に行う更正の請求から適用されています。

　つまり、税務署が納税者の行った税務申告の内容を否認する場合には、その立証責任は税務署側にありますが、更正の請求の際には納税者側がその立証をしなければならないことを意味しています。

　なお、国税通則法第128条第1項において、内容虚偽の記載をして更正の請求書を提出した者に対する罰則規定（1年以下の懲役又は50万円以下の罰金）が設けられています。

　このように、更正の請求は、期限までに紙一枚提出すれば良いというものではありませんので、確実に消費税等の還付を受けるために、税務署の審理を通過できる客観的な証拠書類を用意する必要があります。

　そして、税務署長は、更正の請求があった場合には、その請求に係る課税標準等又は税額等について調査し、更正をし、又は更正をすべき理由がない旨をその請求をした者に通知するものとされています（国税通則法23④）。

　なお、税務署では、更正の請求の全部又は一部に対して理由がない旨の通知を行う事案など税務署長の判断を要する事案については、重要事案審議会にて審理を行うものとされています。

　そのため、事案によっては、更正の請求を行った後に結果が来るまで相当の時間がかかるものと思われます。

①更正の請求とは？

　既に行った申告について、税額が多すぎたり、還付金が少なかった場合に減額更正を求める手続きです。

②根拠となる法令は？

　国税通則法第23条や消費税法第56条が該当します。

③誰ができるのか？

　原則として既に行った申告について、①のような事由が生じた場合に減額更正を求める者が対象となります。

④何を提出すればよいのか？

　更正の請求書を作成の上、納税地を所轄する税務署に持参又は送付する必要があります。また、更正の請求について参考となる書類があれば、その参考となる書類も併せて提出しましょう。

⑤添付書類は必要なのか？

　更正の請求の理由となった事実を証明する書類を添付しましょう。

⑥いつまでに提出すればよいのか？

　原則として、法定申告期限から５年以内となります。
　特例として、後発的事由などにより更正の請求を行う場合には、それらの事由が発生した日の翌日から２か月以内となります。

■ 参考様式

・令和 4 年12月31日以後終了課税期間用

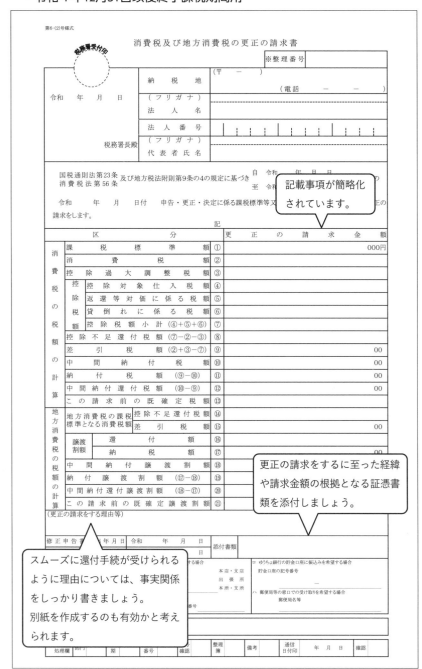

・令和元年10月 1 日以後終了課税期間用

第6-(2)号様式

消費税及び地方消費税の更正の請求書

※整理番号 [　　　　　　]

税務署受付印

令和　　年　月　日	納　税　地	(〒　　－　　)
		(電話　　－　　－　　)
	(フリガナ)	
	法　人　名	
税務署長殿	法　人　番　号	
	(フリガナ)	
	代表者氏名	

国税通則法第23条及び地方税法附則第9条の4の　　　自 平成　　　年　月　日　課税期間の
消費税法第56条　　　　　　　　　　　　　　　　　至　　　　　　年　月　日

当初申告の数値をここに転記します。

平成
令和　　年　月　日付　申告・更正・決定　　　　について下記のとおり更正の
請求をします。

記

区　　　　　　分	この請求前の金額	更正の請求金額

<table>
<tr><td rowspan="12">消費税の税額の計算</td><td colspan="2">課　税　標　準　額</td><td>①</td><td>000円</td><td>000円</td></tr>
<tr><td colspan="2">消　　費　　税　　額</td><td>②</td><td></td><td></td></tr>
<tr><td colspan="2">控 除 過 大 調 整 税 額</td><td>③</td><td></td><td></td></tr>
<tr><td rowspan="4">控除税額</td><td>控 除 対 象 仕 入 税 額</td><td>④</td><td></td><td></td></tr>
<tr><td>返 還 等 対 価 に 係 る 税 額</td><td>⑤</td><td></td><td></td></tr>
<tr><td>貸 倒 れ に 係 る 税 額</td><td>⑥</td><td></td><td></td></tr>
<tr><td>控 除 税 額 小 計 (④+⑤+⑥)</td><td>⑦</td><td></td><td></td></tr>
<tr><td colspan="2">控 除 不 足 還 付 税 額 (⑦−②−③)</td><td>⑧</td><td></td><td></td></tr>
<tr><td colspan="2">差 　引 　税 　額 (②+③−⑦)</td><td>⑨</td><td>00</td><td>00</td></tr>
<tr><td colspan="2">中 　間 　納 　付 　税 　額</td><td>⑩</td><td>00</td><td>00</td></tr>
<tr><td colspan="2">納 　付 　税 　額 (⑨−⑩)</td><td>⑪</td><td>00</td><td>00</td></tr>
<tr><td colspan="2">中 間 納 付 還 付 税 額 (⑩−⑨)</td><td>⑫</td><td>00</td><td>00</td></tr>
<tr><td rowspan="7">地方消費税の税額の計算</td><td rowspan="2">地方消費税の課税標準となる消費税額</td><td>控 除 不 足 還 付 税 額</td><td>⑬</td><td></td><td></td></tr>
<tr><td>差 　引 　税 　額</td><td>⑭</td><td>00</td><td>00</td></tr>
<tr><td rowspan="2">譲渡割額</td><td>還 　付 　額</td><td>⑮</td><td></td><td></td></tr>
<tr><td>納 　税 　額</td><td>⑯</td><td>00</td><td>00</td></tr>
<tr><td colspan="2">中 　間 　納 　付 　譲 　渡 　割 　額</td><td>⑰</td><td>00</td><td>00</td></tr>
<tr><td colspan="2">納 付 譲 渡 割 額 (⑯−⑰)</td><td>⑱</td><td>00</td><td>00</td></tr>
<tr><td colspan="2">中 間 納 付 還 付 譲 渡 割 額 (⑰−⑯)</td><td>⑲</td><td>00</td><td>00</td></tr>
</table>

(更正の請求をする理由等)

修 正 申 告 書 提 出 年 月 日	平成 令和　　年　月　日	添付書類	
更 正 決 定 通 知 書 受 理 年 月 日	平成 令和　　年　月　日		

還付される税金の受取場所	イ 銀行等の預金口座に振込みを希望する場合	ロ ゆうちょ銀行の貯金口座に振込みを希望する場合
	銀　　行　　本店・支店 金庫・組合　　出　張　所 漁協・農協　　本所・支店	貯金口座の記号番号 　　　－
		ハ 郵便局等の窓口での受け取りを希望する場合 郵便局名等
	預金　口座番号	

税理士署名	

※税務署処理欄	部門	決算期	業種番号	番号確認	整理簿	備考	通信日付印　年　月　日	確認

第28-(11)号様式

消費税及び地方消費税の更正の請求書

税務署受付印

※整理番号

令和　年　月　日

納税地　〒

（フリガナ）

法人名

法人番号

（フリガナ）

税務署長殿

代表者氏名

国税通則法第23条及び地方税法附則第9条の4の規定に基づき　自　平成・令和　年　月　日　課税期間の
消費税法第56条　　　　　　　　　　　　　　　　　　　　至　平成・令和　年　月　日

平成・令和　年　月　日付　申告・更正・決定に係る課税標準等又は税額等について下記のとおり更正の請求をします。

記

	区　　　　分			この請求前の金額	更正の請求金額
消費税の税額の計算	課　税　標　準　額		①	０００円	０００円
	消　費　税　額		②		
	控除過大調整税額		③		
	控除税額	控除対象仕入税額	④		
		返還等対価に係る税額	⑤		
		貸倒れに係る税額	⑥		
		控除税額小計（④＋⑤＋⑥）	⑦		
	控除不足還付税額（⑦－②－③）		⑧		
	差　引　税　額（②＋③－⑦）		⑨	０　０	０　０
	中間納付税額		⑩	０　０	０　０
	納付税額（⑨－⑩）		⑪	０　０	０　０
	中間納付還付税額（⑩－⑨）		⑫	０　０	０　０
地方消費税の税額の計算	地方消費税の課税標準となる消費税額	控除不足還付税額	⑬		
		差　引　税　額	⑭		０　０
	譲渡割額	還　付　額	⑮		
		納　税　額	⑯	０　０	０　０
	中間納付譲渡割額		⑰	０　０	０　０
	納付譲渡割額（⑯－⑰）		⑱	０　０	０　０
	中間納付還付譲渡割額（⑰－⑯）		⑲	０　０	０　０

（更正の請求をする理由等）

修正申告書提出年月日	平成・令和　年　月　日	添付書類	
更正決定通知書受理年月日	平成・令和　年　月　日		

還付される税金の受取場所

イ　銀行等の預金口座に振込みを希望する場合

銀　行　本店・支店
金庫・組合　出張所
漁協・農協　本所・支所

預金・口座番号

ロ　ゆうちょ銀行の貯金口座に振込みを希望する場合

貯金口座の記号番号　　－

ハ　郵便局等の窓口受取りを希望する場合
郵便局名等

税理士署名

※税務署処理欄	部門	決算期	業種番号	番号確認	整理簿	備考	通信日付印　年　月　日	確認	

2 事例と実務上の手続き

　ここからは、事例を基にクライアントが税関の事後調査を受けた場合に、税理士が取る手続きについて解説をしていきたいと思います。

■ 事例の概要

> 　株式会社Sは、工業製品の製造業を営んでいます。
> 　創業以来、国内や国外の仕入先から製品の原材料や部品を輸入し、国内工場で製造ののち国内や海外のユーザーへ向けて販売を行ってきました。
> 　また、業績も好調であったことから、これまでにも定期的に税務署から税務調査を受けていましたが、今回初めて税関による調査が実施されました。
> 　なお、S社は、税関から調査について事前通知が来た段階で、顧問税理士に報告を行い、事後調査については会社側で対応を行うことにしました。

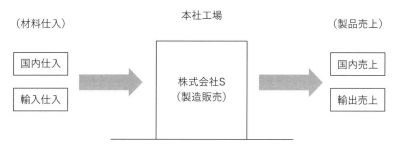

【会社概要】

事業年度：4月1日から3月31日

年商：50億円

資本金：5,000万円

国内の本社工場以外に支店等はないものとします。

消費税法の適用関係：消費税の課税事業者（本則課税）で、特に留意すべき消費税
　　　　　　　　　　法上の特例等の適用は受けていないことを前提とします。

調査対象期間：平成30年3月期から令和4年3月期の輸入仕入れについて調査を受
　　　　　　　けたものと仮定します。

事後調査は、４名の調査官（統括調査官、上席調査官、調査官２名）により令和４年９月に３日間の日程で実施されました。

　主にＳ社が輸入する原材料や部品に関する通関関係書類及び帳簿書類等の確認や海外の仕入先への送金明細書の照合が行われました。その他にも経理担当者や資材の輸入担当者への聴き取り調査がありました。

10：00　**調査官来社**

本社会議室にて、挨拶を行う。

調査についての説明があり、統括官から社長に、事業の概況について質問が行われた。

調査官からの質問事項

①取扱製品　　　　　　　　　④主要な海外からの仕入先

②売上のうち輸出売上の占める割合　⑤輸入仕入の決済方法

③輸出売上の決済方法　　　　⑥その他に事業や業界の概
　　　　　　　　　　　　　　　要について

10：30　**調査開始**

事前に用意していた調査対象期間分の帳簿書類等の確認が行われた。

用意していた書類

通関関係書類一式（インボイス、運賃明細書、保険料明細書、包装明細書等）

取引関係書類一式（売買契約書、価格表、送金明細書等）

帳簿書類等一式（総勘定元帳、補助簿、固定資産台帳、法人税確定申告書、消費税確定申告書）

その他証憑書類

12：00　**昼休憩**

帳簿書類等について確認が進められ必要な書類のコピーや取引の流れについて質問に回答するなど対応に追われた。

調査官とのやり取り

輸入仕入について、海外の仕入先への注文書、インボイス、船荷証券、包装明細書、輸入許可通知書、通関業者からの請求書といった通関関係書類の確認や海外仕入先への送金明細書との照合が進められた。

この他にも、決算報告書や固定資産台帳についても調査官による確認作業が行われていた。

16：00　**調査終了**

3
章

消費税の更正の請求の実務

185

2日目

10：00 　**調査官来社**

この日は、初日のような挨拶もなく終日調査が行われた。

12：00 　**昼休憩**

主要な仕入先以外の輸入仕入先や下請け業者について質問が行われた。

調査官とのやり取り

海外の仕入先への決済方法について経理担当者と輸入担当者に聴き取り調査が実施され、海外送金明細書など資料のコピー提供の要望に対応した。
その他にも、事前に用意しておいた仕入先のリスト等を基に注文から決済に至るまでの取引の流れを説明した。

16：00 　**調査終了**

10：00　**調査官来社**

この日も、初日のような挨拶もなく調査が行われた。
予定通りに調査が進んだので、昼休憩後に15時から本社会議室にて
調査結果の説明が行われることとなった。

調査官とのやり取り

前日に引き続き、海外からの仕入について海外送金明細書の確認が
実施された。調査官からの要望に応じて必要書類についてコピーの
提供などの対応に追われた。

15：00　**調査結果の説明**

統括官から調査の結果、見つかった問題点について指摘が行われた。

調査官とのやり取り

当社は、問題点の指摘を受けて、速やかに業務フローの改善に取り
組むとともに、コンプライアンスの観点から修正申告の勧奨に応じ
ることとした。
統括官からは、調査結果の書面による通知や修正申告の手続きにつ
いて説明がされて3日間の調査は終了した。

16：00　**調査終了**

　そして、調査官からの質問や資料提供の要望への対応を行い3日間
の調査はトラブルもなく円滑に終了しましたが、調査結果の説明の際
に、輸入仕入先であるＡ社との取引について次のような問題点が指摘
されました。

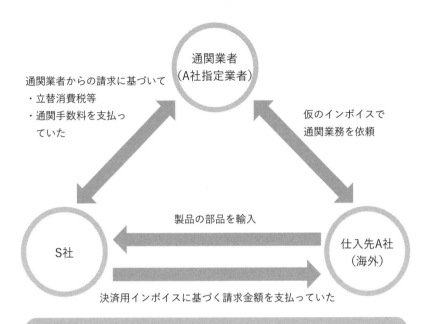

通関業者
（A社指定業者）

通関業者からの請求に基づいて
・立替消費税等
・通関手数料を支払っ
　ていた

仮のインボイスで
通関業務を依頼

製品の部品を輸入

S社

仕入先A社
（海外）

決済用インボイスに基づく請求金額を支払っていた

税関の調査により、二重インボイスの存在が明らかとなった。そして、S社が行った輸入申告が誤ったインボイスにより行われていたことが問題視された。

　S社は、仕入先A社から製品の部品を輸入しており、経理担当者によるとA社から送られて来るインボイス（以下：決済用インボイス）の通りに支払いを行っており、また、輸入通関の際に生じる消費税等についても通関業者からの請求の通りに支払いを行っていたことから適切な申告納税ができているものと認識していました。

　ところが、今回の調査により決済用のインボイスとは別に輸入申告に使用されたインボイス（以下：仮インボイス）の存在が明らかになりました。この仮インボイスは、A社が通関手続きのために暫定的に作成したもので、本来、決済用インボイスの価格で申告すべきところを、これまでこの仮インボイスを用いて輸入申告が行われていました。

結果的に、通関用の仮インボイスの方が決済用インボイスよりも低い金額となっていたことから、当初の申告が過少となっており調査対象期間で合計1,000万円を超える消費税等の増差が見込まれることとなりました。

税関当局からの指摘を受けてＳ社は、コンプライアンスの観点から、調査の結果を受け入れ修正申告を行うことにしました。

そして、調査から数か月後の令和４年12月に税関から届いた「輸入事後調査の結果について」と「輸入（納税）申告別不足関税額等一覧表」という書類を基に通関業者へ修正申告書の作成を依頼し、翌年の令和５年１月に申告と納税を済ませました。

なお、納付した追徴税額のうち消費税及び地方消費税は次の通りです。

■ 事業年度ごとの修正税額

	自平成29年4月1日 至平成30年3月31日	自平成30年4月1日 至平成31年3月31日	自平成31年4月1日 至令和2年3月31日	自令和2年4月1日 至令和3年3月31日	自令和3年4月1日 至令和4年3月31日	合計 15,134,800
消費税	1,927,600	2,849,000	2,592,200	1,874,800	2,615,800	11,859,400
地方消費税	520,100	768,700	720,200	528,700	737,700	3,275,400

なお、今回の事案については、Ｓ社の経理担当者と輸入担当者に通関書類についての確認や連絡不足が認められたものの税を免れる意図はなく、Ａ社と通謀して不適切なインボイスを作成したものではないと判断が下されたので、Ｓ社は過少申告加算税と延滞税は課されたものの重加算税については賦課されませんでした。

その後、Ｓ社は一連の出来事について顧問税理士に報告し、今後の税務上の手続きについて相談を行いました。

■ サンプル

（通知先住所（居所）氏名）

殿

平成　　年　　月　　日

調査結果番号：　　第　　号

輸入事後調査の結果について

税関長

　この度は、調査にご協力を頂きありがとうございました。
　平成　　年　　月　　日から実施しました輸入事後調査の結果について以下のとおりお伝えいたします。
　本表で一連の当該調査を終了とします。ただし、新たに得られた情報に照らし非違があると認めるときは、再調査を行うことがあります。

記

1　更正決定等をすべきと認めるもの
　　以下の輸入された貨物について納付すべき税額の不足が認められましたので、修正申告若しくは期限後特例申告又は更正決定等により当該不足税額について納付していただくこととなります。
　　当該調査の結果に関し修正申告若しくは期限後特例申告を提出した場合には、行政不服審査法（平成26年法律第68号）に定める不服申立て手続をすることはできませんが、関税法第7条の15の規定による更正の請求をすることができます。

取引001

輸　入　期　間	平成　年　月　日から平成　年　月　日まで		
輸　出　者			
輸　入　貨　物			
輸　入　件　数	件		
不　足　額　等		合　計　　　千円（概算）	
	納付すべき本税の額合計	過少申告（無申告）加算税額合計	過怠税額合計
関　　　税	0円	0円	0円
消　費　税	円	円	0円
地方消費税	円	－	－
その他内国消費税	0円	0円	0円
合　計　額	円	円	0円

※　他の取引については、様式第20－3表のつづきに記載。

　　なお、それぞれの輸入申告の許可の日等の翌日から納付日までの期間（偽りその他不正の行為により関税を免れた場合を除き、輸入許可の日から1年を経過する日の翌日から修正申告又は更正の日までを控除）に対して、延滞税がかかります。
　　また、加算税につきましては、申告税関官署の収納担当部門より、後日、別途通知（「加算税賦課決定通知書」）と「納付書」を送付いたします。

2　更正決定等をすべきと認められないもの
　　上記1に掲げる輸入された貨物を除く、平成　年　月　日から平成　年　月　日までの間に輸入された貨物については、更正決定等をすべきと認められませんでした。

【連絡先】　税関調査部
　　　　　　統括調査官（調査第　部門担当）
　　　　　　統括調査官
　　　　　　市　　区、町
　　　　　　電話
　　　　　　FAX
　　　　　　Email

取 引 ００２				
輸 入 期 間	平成　年　月　日から平成　年　月　日まで			
輸 出 者				
輸 入 貨 物				
輸 入 件 数	．件			
不 足 額 等				千円（概算）
	納付すべき本税の額合計	過少申告（無申告）加算税額合計		重加算税額合計
関 税	０円	０円		０円
消 費 税	円	０円		０円
地 方 消 費 税	円	—		—
その他内国消費税	０円	０円		０円
合 計 額	円	０円		０円

※　納付すべき税額は、輸入者の希望に基づき、関税定率法基本通達４－７(3)ただし書の取扱いに基づき計算したもの。更正による処理とした場合、金額等に変更があることがあります。

3章

消費税の更正の請求の実務

輸入（納税）申告別不足関税額等一覧表

取引番号 ____

輸入（納税）申告税関官署
納付先都道府県

輸入者	作成者
輸入者名： 住　所　：	調査部
電話番号：	電話：

備考	

	税目	区分	課税標準	所属区分 種類等	税率 区分	税率	税額	不足申告価格	備考
								不足税額	
（欄番号　－　01） 申告番号　　： 申告年月日： 許可年月日：	関税	修正前							
		修正後							
修正前商品名： 修正前原産国： 修正後商品名： 修正後原産国：	内消税1	修正前							
		修正後							
加算額1　： 換算レート1： 通貨コード1：	内消税2	修正前							
加算額2　： 換算レート2： 通貨コード2： 加算額3 換算レート3： 通貨コード3：		修正後							
	内消税3	修正前							
		修正後							
（申告合計） 申告番号　： 申告年月日： 許可年月日：	関税	修正前							
		修正後							
加算税種別：1:加算税徴収	内消税1	修正前							
過少加算関税　：***** 内加重分関税　：***** 過少加算内消税：***** 内加重分内消税：***** 過少加算消費税： 内加重分消費税：		修正後							
重加算関税　　：***** 内加重分関税　：***** 重加算内消税　：***** 内加重分消費税：*****	内消税2	修正前							
		修正後							
	内消税3	修正前							
		修正後							
	関税	修正前							
		修正後							
	内消税1	修正前							
		修正後							
	内消税2	修正前							
		修正後							
	内消税3	修正前							
		修正後							

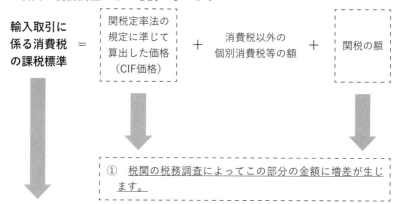

ポイントの整理

・税関の税務調査はどこを調べるのか？

$$\begin{array}{c}\text{輸入取引に}\\\text{係る消費税}\\\text{の課税標準}\end{array} = \begin{array}{c}\text{関税定率法の}\\\text{規定に準じて}\\\text{算出した価格}\\\text{（CIF価格）}\end{array} + \begin{array}{c}\text{消費税以外の}\\\text{個別消費税等の額}\end{array} + \begin{array}{c}\text{関税の額}\end{array}$$

① 税関の税務調査によってこの部分の金額に増差が生じます。

② 上記①の結果、輸入取引の課税標準にも影響が生じ、消費税等の増差税額を税関への修正申告により納付することになります。（通関業者へ手続きを依頼しましょう）

	平成29年 4月1日	平成30年 4月1日	平成31年 4月1日	令和2年 4月1日	令和3年 4月1日	令和4年 4月1日	現在
消費税	1,927,600	2,849,000	2,592,200	1,874,800	2,615,800		
地方消費税	520,100	768,700	720,200	528,700	737,700		

税務署へ更正の請求書を提出

各課税期間の仕入税額控除の税額が増加することになります。

③ 納付した消費税等の税額は、税務署へ更正の請求を行うことで還付を受けることができます。
（税関から送られてくる修正税額に関する資料や通関業者に税関へ提出した書類について確認を行いましょう）

顧問税理士の対応

1．状況の把握

　顧問税理士が、クライアントから相談を受けた場合には、状況の把握をすることから始まります。

　そして、1つ目の手順として、事後調査の調査対象期間と会社事業年度を確認し、更正の請求の期限を確認しましょう。

　その際には、図解の様な線表を作成すると状況がまとまりやすくなります。

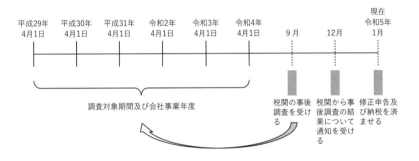

　次に2つ目の手順として、事後調査で納付することとなった税額についてクライアントに確認を行い、更正の請求を行う税額を把握します。

　なお、過少申告加算税や延滞税、重加算税は損金不算入となりますので法人税の申告の際には注意が必要です。

2．クライアントへ今後のスケジュールの説明

前項で述べた税額の把握と同時進行で行うべき事項として、クライアントへの今後のスケジュールの説明が挙げられます。

更正の請求は原則として当初申告の法定申告期限から5年以内となります。各事業年度の更正の請求期限について説明を行い、更正の請求書と併せて税務署に提出する補足資料の準備を依頼しましょう。

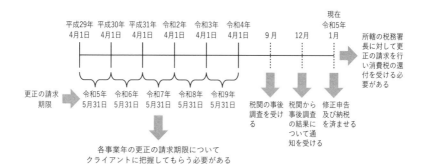

各事業年の更正の請求期限について
クライアントに把握してもらう必要がある

国税通則法の原則による更正の請求期限は、法定申告期限から5年以内となります。
※なお、提出期限が土・日曜日・祝日等に当たる場合は、これらの日の翌日が期限となります。

3．税務署への手続き

〈手続きの全体像〉

概ね2～3か月程度で還付金の入金処理がされますが、事案によって
還付までの期間には差があるものと考えれます。

　当初の消費税申告書を基に各課税期間ごとの更正の請求書を作成
し、添付書類と併せて所轄税務署へ提出を行いましょう。
　事例は、通算5期に渡り税関へ修正申告と納税が行われていますが、
ここでは、記載例として最終期の更正の請求書のみを掲載しています。

■ 事業年度ごとの修正税額

	自平成29年4月1日 至平成30年3月31日	自平成30年4月1日 至平成31年3月31日	自平成31年4月1日 至令和2年3月31日	自令和2年4月1日 至令和3年3月31日	自令和3年4月1日 至令和4年3月31日	合計 15,134,800
消費税	1,927,600	2,849,000	2,592,200	1,874,800	2,615,800	11,859,400
地方消費税	520,100	768,700	720,200	528,700	737,700	3,275,400

【申告書等記載例の掲載箇所】

令和3年4月1日から令和4年3月31日
　　当初消費税申告書
（消費税の還付申告に関する明細書に
　ついては、掲載を省略しております。）

197ページ

令和3年4月1日から令和4年3月31日
　消費税及び地方消費税の更正の請求書

201ページ

第3-(1)号様式

法人用

令和　年　月　日　　　　　　　　税務署長殿
収受印

一　連　番　号

※税務署処理欄

申告年月日　令和　　　年　　　月　　　日

申告区分　指導等　庁指定　局指定

通信日付印　確　認

指　導　年　月　日　　相　談　区分1　区分2　区分3
令和

納　税　地
　　　　　　（電話番号　　　－　　　－　　　）

（フリガナ）
法　人　名

法　人　番　号

（フリガナ）
代表者氏名

第一表

自 平成・令和 **3** 年 **4** 月 **1** 日　　課税期間分の消費税及び地方
　　　　　　　　　　　　　　　消費税の（　確定　）申告書
至 令和 **4** 年 **3** 月 **31** 日

中間申告　自 平成・令和　　　年　　月　　日
の場合の
対象期間　至 令和　　　年　　月　　日

令和元年十月一日以後終了課税期間分（一般用）

この申告書による消費税の税額の計算

		十兆千百十億千百十万千百十一円	
課税標準額	①	2572000000	03
消費税額	②	200616000	06
控除過大調整税額	③		07
控除税額 控除対象仕入税額	④	281830529	08
返還等対価に係る税額	⑤		09
貸倒れに係る税額	⑥		10
控除税額小計（④+⑤+⑥）	⑦	281830529	
控除不足還付税額（⑦-②-③）	⑧	81214529	13
差引税額（②+③-⑦）	⑨	00	15
中間納付税額	⑩	00	16
納付税額（⑨-⑩）	⑪	00	17
中間納付還付税額（⑩-⑨）	⑫	00	18
この申告書が修正申告である場合 既確定税額	⑬		19
差引納付税額	⑭	00	20
課税売上割合 課税資産の譲渡等の対価の額	⑮	5096000000	21
資産の譲渡等の対価の額	⑯	5099284000	22

⑪・⑫又は⑫・⑬の記入をお忘れなく。

この申告書による地方消費税の税額の計算

地方消費税の課税標準となる消費税額			
控除不足還付税額	⑰	81214529	51
差引税額	⑱	00	52
譲渡割額 還付額	⑲	22906662	53
納税額	⑳	00	54
中間納付譲渡割額	㉑	00	55
納付譲渡割額（⑳-㉑）	㉒	00	56
中間納付還付譲渡割額（㉑-⑳）	㉓	00	57
この申告書が修正申告である場合 既確定譲渡割額	㉔		58
差引納付譲渡割額	㉕	00	59
消費税及び地方消費税の合計税額（納付又は還付）税額	㉖	-104121191	60

㉖＝（⑪+⑫）-（⑧+⑲+⑳+㉒）・修正申告の場合㉖＝⑭+㉕
㉖が還付税額となる場合はマイナス「-」を付してください。

付記事項・参考事項

割賦基準の適用	有 ○無	31
延払基準等の適用	有 ○無	32
工事進行基準の適用	有 ○無	33
現金主義会計の適用	有 ○無	34
課税標準額に対する消費税額の計算の特例の適用	○有 無	35

控除税額の計算方法	課税売上高5億円超又は課税売上割合95%未満	○個別対応方式 一括比例配分方式	41
	上記以外	全額控除	

基準期間の課税売上高　4,713,433千円

還付を受けようとする金融機関等

銀行　本店・支店
金庫・組合　出張所
農協・漁協　本所・支所

当座・預金・口座番号

ゆうちょ銀行の貯金記号番号　　　－

郵便局名等

※税務署整理欄

税理士署名
（電話番号　　　－　　　－　　　）

税理士法第30条の書面提出有
税理士法第33条の2の書面提出有

第3-(2)号様式

課税標準額等の内訳書

| | | 整理番号 | | | | | | | | 法人用 |

改正法附則による税額の特例計算

軽減売上割合（10営業日）		附則38①	51
小売等軽減仕入割合		附則38②	52
小売等軽減売上割合		附則39①	53

納 税 地	
	（電話番号　　－　　－　　）
（フリガナ）	
法 人 名	
（フリガナ）	
代表者氏名	

第二表

自 平成（令和） 3 年 4 月 1 日
至 令和 4 年 3 月 31 日

課税期間分の消費税及び地方
消費税の（ 確定 ）申告書

中間申告
の場合の
対象期間

自 平成令和 □ 年 □ 月 □ 日
至 令和 □ 年 □ 月 □ 日

令和元年十月一日以後終了課税期間分

課 税 標 準 額 ※申告書（第一表）の①欄へ	①	十 兆 千 百 十 億 千 百 十 万 千 百 十 一 円 2 5 7 2 0 0 0 0 0 0	01

課 税 資 産 の 譲 渡 等 の 対 価 の 額 の 合 計 額	3 ％ 適 用 分	②		02
	4 ％ 適 用 分	③		03
	6.3 ％ 適 用 分	④		04
	6.24 ％ 適 用 分	⑤		05
	7.8 ％ 適 用 分	⑥	2 5 7 2 0 0 0 0 0 0	06
		⑦	2 5 7 2 0 0 0 0 0 0	07
特定課税仕入れ に係る支払対価 の 額 の 合 計 額 （注1）	6.3 ％ 適 用 分	⑧		11
	7.8 ％ 適 用 分	⑨		12
		⑩		13

消 費 税 額 ※申告書（第一表）の②欄へ	⑪	2 0 0 6 1 6 0 0 0	21
⑪ の 内 訳	3 ％ 適 用 分	⑫		22
	4 ％ 適 用 分	⑬		23
	6.3 ％ 適 用 分	⑭		24
	6.24 ％ 適 用 分	⑮		25
	7.8 ％ 適 用 分	⑯	2 0 0 6 1 6 0 0 0	26

返 還 等 対 価 に 係 る 税 額 ※申告書（第一表）の⑤欄へ	⑰		31
⑰ の 内 訳	売 上 げ の 返 還 等 対 価 に 係 る 税 額	⑱		32
	特定課税仕入れの返還等対価に係る税額 （注1）	⑲		33

地 方 消 費 税 の 課税標準となる 消 費 税 額 （注2）		⑳	－ 8 1 2 1 4 5 2 9	41
	4 ％ 適 用 分	㉑		42
	6.3 ％ 適 用 分	㉒		43
	6.24％及び7.8％ 適 用 分	㉓	－ 8 1 2 1 4 5 2 9	44

（注1） ⑧～⑩及び⑲欄は、一般課税により申告する場合で、課税売上割合が95％未満、かつ、特定課税仕入れがある事業者のみ記載します。
（注2） ⑳～㉓欄が還付税額となる場合はマイナス「－」を付してください。

198

第4-(9)号様式

付表1-3 　税率別消費税額計算表 兼 地方消費税の課税標準となる消費税額計算表

| | | | 一　般 |

| 課　税　期　間 | 3・4・1 ～ 4・3・31 | 氏名又は名称 | |

区　　　　分		税率6.24%適用分 A	税率7.8%適用分 B	合　　計　　C （A＋B）
課　税　標　準　額	①	000 円	2,572,000,000 円	※第二表の①欄へ 2,572,000,000 円
①の内訳 課税資産の譲渡等の対価の額	①-1	※第二表の⑤欄へ	※第二表の⑥欄へ 2,572,000,000	※第二表の⑦欄へ 2,572,000,000
①の内訳 特定課税仕入れに係る支払対価の額	①-2	※①-2欄は、課税売上割合が95%未満、かつ、特定課税仕入れがある事業者のみ記載する。	※第二表の⑨欄へ	※第二表の⑩欄へ
消　費　税　額	②	※第二表の⑮欄へ	※第二表の⑯欄へ 200,616,000	※第二表の⑪欄へ 200,616,000
控除過大調整税額	③	(付表2-3の㉕・㉖A欄の合計金額)	(付表2-3の㉕・㉖B欄の合計金額)	※第一表の③欄へ
控除税額 控除対象仕入税額	④	(付表2-3の㉕A欄の金額) 51,146	(付表2-3の㉕B欄の金額) 281,779,383	※第一表の④欄へ 281,830,529
控除税額 返還等対価に係る税額	⑤			※第二表の⑰欄へ
控除税額 ⑤の内訳 売上げの返還等対価に係る税額	⑤-1			※第二表の⑱欄へ
控除税額 ⑤の内訳 特定課税仕入れの返還等対価に係る税額	⑤-2	※⑤-2欄は、課税売上割合が95%未満、かつ、特定課税仕入れがある事業者のみ記載する。		※第二表の⑲欄へ
控除税額 貸倒れに係る税額	⑥			※第一表の⑥欄へ
控除税額 控除税額小計 （④＋⑤＋⑥）	⑦	51,146	281,779,383	※第一表の⑦欄へ 281,830,529
控除不足還付税額 （⑦－②－③）	⑧			※第一表の⑧欄へ 81,214,529
差　引　税　額 （②＋③－⑦）	⑨			※第一表の⑨欄へ 00
地方消費税の課税標準となる消費税額 控除不足還付税額 （⑧）	⑩			※第一表の⑰欄へ ※「マイナス「－」を付して第二表の㉑及び㉕欄へ 81,214,529
地方消費税の課税標準となる消費税額 差　引　税　額 （⑨）	⑪			※第一表の⑱欄へ ※第二表の㉒及び㉖欄へ 00
譲渡割額 還　付　額	⑫			⑩C欄×22/78) ※第一表の⑲欄へ 22,906,662
譲渡割額 納　税　額	⑬			⑪C欄×22/78) ※第一表の⑳欄へ 00

注意　金額の計算においては、1円未満の端数を切り捨てる。

（R2.4.1以後終了課税期間用）

第4-(10)号様式

付表2-3 課税売上割合・控除対象仕入税額等の計算表

一般

課税期間 3・4・1～ 4・3・31　氏名又は名称

項目	税率6.24%適用分 A	税率7.8%適用分 B	合計 C (A+B)
課税売上額（税抜き）①	円	2,572,000,000 円	2,572,000,000 円
免税売上額 ②			2,524,000,000
非課税資産の輸出等の金額、海外支店等へ移送した資産の価額 ③			
課税資産の譲渡等の対価の額（①＋②＋③）④			※第一表の⑮欄へ 5,096,000,000
課税資産の譲渡等の対価の額（④の金額）⑤			5,096,000,000
非課税売上額 ⑥			3,284,000
資産の譲渡等の対価の額（⑤＋⑥）⑦			※第一表の⑯欄へ 5,099,284,000
課税売上割合（④／⑦）⑧			〔 99.93% 〕 ※端数切捨て
課税仕入れに係る支払対価の額（税込み）⑨	885,600	1,689,600,000	1,690,485,600
課税仕入れに係る消費税額 ⑩	(⑨A欄×6.24/108) 51,168	(⑨B欄×7.8/110) 119,808,000	119,859,168
※⑩及び⑫欄は、課税売上割合が95%未満、かつ、特定課税仕入れがある事業者のみ記載する。			
特定課税仕入れに係る支払対価の額 ⑪			
特定課税仕入れに係る消費税額 ⑫		(⑪B欄×7.8/100)	
課税貨物に係る消費税額 ⑬		161,975,000	161,975,000
納税義務の免除を受けない（受ける）こととなった場合における消費税額の調整（加算又は減算）額 ⑭			
課税仕入れ等の税額の合計額（⑩＋⑫＋⑬±⑭）⑮	51,168	281,783,000	281,834,168
課税売上高が5億円以下、かつ、課税売上割合が95%以上の場合（⑮の金額）⑯			
課税売上高が5億円超又は課税売上割合が95%未満の場合　個別対応方式　⑮のうち、課税売上げにのみ要するもの ⑰	18,096	276,167,000	276,185,096
⑮のうち、課税売上げと非課税売上げに共通して要するもの ⑱	33,072	5,616,000	5,649,072
個別対応方式により控除する課税仕入れ等の税額〔⑰＋（⑱×④／⑦）〕⑲	51,146	281,779,383	281,830,529
一括比例配分方式により控除する課税仕入れ等の税額（⑮×④／⑦）⑳			
控除税額の調整　課税売上割合変動時の調整対象固定資産に係る消費税額の調整（加算又は減算）額 ㉑			
調整対象固定資産を課税業務用（非課税業務用）に転用した場合の調整（加算又は減算）額 ㉒			
居住用賃貸建物を課税賃貸用に供した（譲渡した）場合の加算額 ㉓			
差引　控除対象仕入税額〔（⑯、⑲又は⑳の金額）±㉑±㉒＋㉓〕がプラスの時 ㉔	※付表1-3の④A欄へ 51,146	※付表1-3の④B欄へ 281,779,383	281,830,529
控除過大調整税額〔（⑯、⑲又は⑳の金額）±㉑±㉒＋㉓〕がマイナスの時 ㉕	※付表1-3の③A欄へ	※付表1-3の③B欄へ	
貸倒回収に係る消費税額 ㉖	※付表1-3の③A欄へ	※付表1-3の③B欄へ	

注意
1 金額の計算においては、1円未満の端数を切り捨てる。
2 ⑨及び⑪欄には、値引き、割戻し、割引きなど仕入対価の返還等の金額がある場合（仕入対価の返還等の金額を仕入金額から直接減額している場合を除く。）には、その金額を控除した後の金額を記載する。

(R2.4.1以後終了課税期間用)

消費税及び地方消費税の更正の請求書

税務署受付印	〒　　－
	納　税　地
令和　　年　月　日	電話（　　）　－
	（フリガナ）
	法　人　名
税務署長殿	法　人　番　号
	（フリガナ）
	代表者氏名

国税通則法第23条
消費税法第56条　及び　地方税法附則第9条の4　の規定

令和　　年　　月　　日付　申告・更正・決定　に係る課税
請求をします。

税関へ追加納付した消費税額（国税部分）が当初の控除対象仕入れ税額からの増差となります。

記

区　　　分				この請求前の金額	更正の請求金額
消費税の税額の計算	課　税　標　準　額		①	2,572,000,000	2,572,000,000
	消　　費　　税　　額		②	200,616,000	200,616,000
	控　除　過　大　調　整　税　額		③		
	控除税額	控　除　対　象　仕　入　税　額	④	281,830,529	284,446,329
		返　還　等　対　価　に　係　る　税　額	⑤		
		貸　倒　れ　に　係　る　税　額	⑥		
		控　除　税　額　小　計（④+⑤+⑥）	⑦	281,830,529	284,446,329
	控　除　不　足　還　付　税　額（⑦-②-③）		⑧	81,214,529	83,830,329
	差　　引　　税　　額（②+③-⑦）		⑨		
	中　　間　　納　　付　　税　　額		⑩		
	納　　　付　　　税　　　額（⑨-⑩）		⑪		
	中　間　納　付　還　付　税　額（⑩-⑨）		⑫		
地方消費税の税額の計算	地方消費税の課税標準となる消費税額	控除不足還付税額	⑬	81,214,529	83,830,329
		差　引　税　額	⑭		
	譲渡割額	還　　付　　額	⑮	22,906,662	23,644,451
		納　　税　　額	⑯		
	中　間　納　付　譲　渡　割　額		⑰		
	納　付　譲　渡　割　額（⑯-⑰）		⑱		
	中間納付還付譲渡割額（⑰-⑯）		⑲		

（更正の請求をする理由等）
令和5年1月において、通関（輸入）の消費税及び地方消費税について修正申告を行ったことにより
、控除対象仕入税額が増加したため。

修正申告書提出年月日	令和　　年　　月　　日	添付書類	関税修正申告書（控）修正申告による納税額集計表　他
更正決定通知書受理年月日	令和　　年　　月　　日		

還付される税金の受取場所	イ　銀行等の預金口座に振込みを希望する場合	ロ　ゆうちょ銀行の貯金口座に振込みを希望する場合
	預金・口座番号	貯金口座の記号番号
		ハ　郵便局等の窓口での受け取りを希望する場合
		郵便局名等

この手続に係る通知等がある場合、e-Taxによる通知を希望します。　　　（　□ 更正通知書等　　□ 還付金振込　）
※1　通知の内容によっては、e-Taxによる通知を行うことができない場合があります。
※2　通知の内容を確認するためには、マイナンバーカード等の電子証明書による認証が必要です。

税　理　士　署　名	

※税務署処理欄	部門	決算期	業種番号	番号確認	整理簿	備考	通信日付印	年　月　日	確認印

GK0601

課税標準額等の内訳書

整理番号 [ ][ ][ ][ ][ ][ ][ ][ ] 法人用

納税地	
	（電話番号　　−　　−　　）
（フリガナ）	
法 人 名	
（フリガナ）	
代表者氏名	

改正法附則による税額の特例計算		
軽減売上割合（10営業日）	[ ] 附則38①	51
小売等軽減仕入割合	[ ] 附則38②	52
小売等軽減売上割合	[ ] 附則39①	53

第二表

自 平成（令和） ③ 年 ④ 月 ① 日
至 令和 ④ 年 ③ 月 ③① 日

**課税期間分の消費税及び地方
消費税の（　確定　）申告書**

中間申告 自 平成・令和 [ ] 年 [ ] 月 [ ] 日
の場合の
対象期間 至 令和 [ ] 年 [ ] 月 [ ] 日

令和元年十月一日以後終了課税期間分

課　税　標　準　額 ※申告書（第一表）の①欄へ	①	十 兆 千 百 十 億 千 百 十 万 千 百 十 一 円	
		2 5 7 2 0 0 0 0 0 0	01

課税資産の譲渡等の対価の額の合計額	3 ％ 適用分	②		02
	4 ％ 適用分	③		03
	6.3 ％ 適用分	④		04
	6.24 ％ 適用分	⑤		05
	7.8 ％ 適用分	⑥	2 5 7 2 0 0 0 0 0 0	06
		⑦	2 5 7 2 0 0 0 0 0 0	07
特定課税仕入れに係る支払対価の額の合計額 （注1）	6.3 ％ 適用分	⑧		11
	7.8 ％ 適用分	⑨		12
		⑩		13

消　費　税　額 ※申告書（第一表）の②欄へ	⑪	2 0 0 6 1 6 0 0 0	21
⑪ の 内 訳	3 ％ 適用分	⑫		22
	4 ％ 適用分	⑬		23
	6.3 ％ 適用分	⑭		24
	6.24 ％ 適用分	⑮		25
	7.8 ％ 適用分	⑯	2 0 0 6 1 6 0 0 0	26

返　還　等　対　価　に　係　る　税　額 ※申告書（第一表）の⑤欄へ	⑰		31
⑰の内訳	売上げの返還等対価に係る税額	⑱		32
	特定課税仕入れの返還等対価に係る税額 （注1）	⑲		33

地方消費税の課税標準となる消費税額 （注2）		⑳	− 8 3 8 3 0 3 2 9	41
	4 ％ 適用分	㉑		42
	6.3 ％ 適用分	㉒		43
	6.24％及び7.8％ 適用分	㉓	− 8 3 8 3 0 3 2 9	44

（注1）　⑧〜⑩及び⑲欄は、一般課税により申告する場合で、課税売上割合が95％未満、かつ、特定課税仕入れがある事業者のみ記載します。
（注2）　⑳〜㉓欄が還付税額となる場合はマイナス「−」を付してください。

付表1－3　税率別消費税額計算表 兼 地方消費税の課税標準となる消費税額計算表

一 般

課　税　期　間	3・4・1 ～ 4・3・31	氏名又は名称	

区　　　　分			税率6.24%適用分 A	税率7.8%適用分 B	合　　　　計　　C （A＋B）
課　税　標　準　額		①	円 000	※第二表の①欄へ 2,572,000,000	※第二表の①欄へ 円 2,572,000,000
①の内訳	課税資産の譲渡等の対価の額	①－1	※第二表の⑤欄へ	※第二表の⑥欄へ 2,572,000,000	※第二表の⑦欄へ 2,572,000,000
	特定課税仕入れに係る支払対価の額	①－2	※①－2欄は、課税売上割合が95%未満、かつ、特定課税仕入れがある事業者のみ記載する。	※第二表の⑨欄へ	※第二表の⑩欄へ
消　　費　　税　　額		②	※第二表の⑮欄へ	※第二表の⑯欄へ 200,616,000	※第二表の⑪欄へ 200,616,000
控除過大調整税額		③	(付表2-3の㉕・㉗ A欄の合計金額)	(付表2-3の㉕・㉗ B欄の合計金額)	※第一表の③欄へ
控除税額	控除対象仕入税額	④	(付表2-3の㉔ A欄の金額) 51,146	(付表2-3の㉔ B欄の金額) 284,395,183	※第一表の④欄へ 284,446,329
	返還等対価に係る税額	⑤			※第二表の⑰欄へ
	売上げの返還等対価に係る税額	⑤－1			※第二表の⑱欄へ
	特定課税仕入れの返還等対価に係る税額	⑤－2	※⑤－2欄は、課税売上割合が95%未満、かつ、特定課税仕入れがある事業者のみ記載する。		※第二表の⑲欄へ
	貸倒れに係る税額	⑥			※第一表の⑥欄へ
	控除税額小計 （④＋⑤＋⑥）	⑦	51,146	284,395,183	※第一表の⑦欄へ 284,446,329
控除不足還付税額 （⑦－②－③）		⑧			※第一表の⑧欄へ 83,830,329
差　引　税　額 （②＋③－⑦）		⑨			※第一表の⑨欄へ 00
地方消費税の課税標準となる消費税額	控除不足還付税額 （⑧）	⑩			※第一表の⑰欄へ ※「マイナス「－」を付して第二表の㉑及び㉓欄へ 83,830,329
	差　引　税　額 （⑨）	⑪			※第一表の⑱欄へ ※第二表の㉒及び㉓欄へ 00
譲渡割額	還　付　額	⑫			⑩C欄×22/78） ※第一表の㉑欄へ 23,644,451
	納　税　額	⑬			⑪C欄×22/78） ※第一表の⑳欄へ 00

注意　金額の計算においては、1円未満の端数を切り捨てる。

（R2.4.1以後終了課税期間用）

第4-(10)号様式

付表2－3　課税売上割合・控除対象仕入税額等の計算表

一　般

課税期間	3・4・1～ 4・3・31	氏名又は名称	

項　目		税率6.24％適用分 A	税率7.8％適用分 B	合　計　C (A＋B)
課　税　売　上　額　　（税抜き）	①	円	円 2,572,000,000	円 2,572,000,000
免　税　売　上　額	②			2,524,000,000
非課税資産の輸出等の金額、 海外支店等へ移送した資産の価額	③			
課税資産の譲渡等の対価の額（①＋②＋③）	④			※第一表の⑮欄へ 5,096,000,000
課税資産の譲渡等の対価の額（④の金額）	⑤			5,096,000,000
非　課　税　売　上　額	⑥			3,284,000
資産の譲渡等の対価の額（⑤＋⑥）	⑦			※第一表の⑯欄へ 5,099,284,000
課　税　売　上　割　合　（④／⑦）	⑧			[99.93％] ※端数 切捨て
課税仕入れに係る支払対価の額（税込み）	⑨	885,600	1,689,600,000	1,690,485,600
課税仕入れに係る消費税額	⑩	(⑨A欄×6.24/108) 51,168	(⑨B欄×7.8/110) 119,808,000	119,859,168
特定課税仕入れに係る支払対価の額	⑪	※⑪及び⑫欄は、課税売上割合が95％未満、かつ、特定課税仕入れがある事業者のみ記載する。		
特定課税仕入れに係る消費税額	⑫		(⑪B欄×7.8/100)	
課税貨物に係る消費税額	⑬		164,590,800	164,590,800
納税義務の免除を受けない（受ける） こととなった場合における消費税額 の調整（加算又は減算）額	⑭			
課税仕入れ等の税額の合計額 （⑩＋⑫＋⑬±⑭）	⑮	51,168	284,398,800	284,449,968
課税売上高が5億円以下、かつ、 課税売上割合が95％以上の場合 （⑮の金額）	⑯			
課税売上高が5億円超又は課税売上割合が95％未満の場合	個別対応方式	⑰	⑮のうち、課税売上げにのみ要するもの	18,096	278,782,800	278,800,896
		⑱	⑮のうち、課税売上げと非課税売上げに共通して要するもの	33,072	5,616,000	5,649,072
		⑲	個別対応方式により控除する課税仕入れ等の税額（⑰＋（⑱×④／⑦））	51,146	284,395,183	284,446,329
	一括比例配分方式により控除する課税仕入れ等の税額（⑮×④／⑦）	⑳			
控除税額の調整	課税売上割合変動時の調整対象固定資産に係る消費税額の調整（加算又は減算）額	㉑			
	調整対象固定資産を課税業務用（非課税業務用）に転用した場合の調整（加算又は減算）額	㉒			
	居住用賃貸建物を課税賃貸用に供した（譲渡した）場合の加算額	㉓			
差引	控　除　対　象　仕　入　税　額 [（⑯、⑲又は⑳の金額）±㉑±㉒＋㉓］がプラスの時	㉔	※付表1-3の④A欄へ 51,146	※付表1-3の④B欄へ 284,395,183	284,446,329
	控　除　過　大　調　整　税　額 [（⑯、⑲又は⑳の金額）±㉑±㉒＋㉓］がマイナスの時	㉕	※付表1-3の③A欄へ	※付表1-3の③B欄へ	
貸倒回収に係る消費税額	㉖	※付表1-3の③A欄へ	※付表1-3の③B欄へ	

注意　1　金額の計算においては、1円未満の端数を切り捨てる。
　　　2　⑨及び⑪欄には、値引き、割戻し、割引など仕入対価の返還等の金額がある場合（仕入対価の返還等の金額を仕入金額から直接減額している場合を除く。）
　　　　には、その金額を控除した後の金額を記載する。

(R2.4.1以後終了課税期間用)

更正の請求書は、終了する課税期間によって、ひな形が異なりますので注意が必要となります。

また、国税庁ホームページにも記載があるように、更正の請求について参考となる書類があれば、その参考となる書類の提出や更正の請求の理由となった事実を証明する書類の添付が求められています。

なお、筆者が実際に更正の請求を行う際に添付している資料は次の通りです。

税務署への添付資料（例）

①「輸入事後調査の結果について」
②「輸入（納税）申告別不足関税額等一覧表」
 税関から送付される資料です。

③税関への修正申告書控
 通関業者から取得する資料となります。

④修正申告による納税が確認できる資料
　（振込明細書等）
⑤税務署への経緯説明書
 クライアントにて準備する資料です。

⑥修正申告税額一覧表
 会計事務所又はクライアント側で作成する補足資料となります。

これらのうち⑤の資料については、Ａ４用紙に数枚程度で、簡潔に税関の事後調査の経緯や内容、今後の改善点や会社としての取組み等についてクライアントに補足資料として作成を依頼しています。

また⑥についても、各事業年度の修正税額が確認しやすいように②の資料を基に208ページのような資料を作成することも有効です。

このように作成及び提出が任意となっている書類も含まれていますが、少しでもスムーズに還付手続きを受けられるよう工夫されるとよいでしょう。

　なお、事案によっては、添付書類のボリュームが多く内容の確認や提出の準備に時間を要するので、スケジュールには、余裕をもって取り掛かりましょう。

　そして、更正の請求書を提出してからは、所轄税務署の担当者と申告内容について添付書類や追加で提出を求められた資料を基に数回の質疑応答が行われ（電話や面談）、提出から数か月後（平均して２～３か月ほど）して所轄税務署長から「消費税及び地方消費税の更正通知書」が送付され還付金が指定口座へ入金されるとようやく手続きは終了となります。

■ サンプル

納税地		第　　　　　号
法人名	株式会社	平成　　年　　月　　日
代表者又は清算人氏名	代表取締役　　　　殿	税務署長 財務事務官

消費税及び地方消費税の　更正　通知書並びに加算税の賦課決定通知書

　自　平成　年　月　日
　至　平成　年　月　日　課税期間分（　　　）の消費税及び地方消費税について下記のとおり
消費税額等及び地方消費税額等の更正並びに加算税の賦課決定をしたから通知します。なお、この通知は
更正の請求に基づいて行った処分です。

記

区　　分			申告又は更正前の金額 円	更正又は決定の金額 円
消費税額	課　税　標　準　額	1		
	消　費　税　額	2		
	控　除　過　大　調　整　税　額	3		
	控除税額 控　除　対　象　仕　入　税　額	4		
	返　還　等　対　価　に　係　る　税　額	5		
	貸　倒　れ　に　係　る　税　額	6		
	控　除　税　額　小　計　(4+5+6)	7		
	限　界　控　除　前　の　税　額　(2+3-7)	8		
	控　除　不　足　還　付　税　額　(7-2-3)	9		
	限　界　控　除　税　額	10		
	差　　引　　税　　額　　(8-10)	11		
	既　に　納　付　の　確　定　し　た　本　税　額	12		
	差引納付すべき又は減少（－印）する税額(11-9-12)	13		
地方消費税	地方消費税の課税標準 控除不足還付税額	14		
	となる消費税額 差引税額	15		
	譲渡割額 還　　付　　額	16		
	納　　税　　額	17		
	既　に　納　付　の　確　定　し　た　譲　渡　割　額	18		
	差引納付すべき又は減少（－印）する譲渡割額(17-16-18)	19		

差引納付すべき又は減少（－印）する合計税額　　(13+19)	

この通知により納付すべき又は 減少（－印）する税額		賦　課　し　た　加　算　税　の　額　の　計　算　明　細		
		区　　　　分	加算税の基礎となる税額 円	加　算　税　の　額 円
本　税　の　額	円	申告 加算税 賦課決定額		
無申告加算税		変更決定後の賦課決定額		
過少申告加算税		重加算税 賦課決定額		
重　加　算　税		変更決定後の賦課決定額		

この通知書に係る処分は、＝＝＝＝＝＝＝＝＝＝＝＝＝の職員の調査に基づいて行いました。

■ 修正申告税額一覧表

輸入申告番号（当初）	当初申告年月日	修正申告年月日	当初申告額					
			課税標準額	税率	消費税額	税率	地方消費税額	
12345	令和4年3月○日	令和5年1月○日	1,500,000	7.8%	117,000	2.2%	33,000	
令和4年3月31日期	小計				117,000		33,000	
令和3年3月31日期	小計				0		0	
令和2年3月31日期	小計				0		0	
平成31年3月31日期	小計				0		0	
平成30年3月31日期	小計				0		0	
合　計					117,000		33,000	

このような要領で各年度の修正税額を一覧表としてまとめていきます。

修正申告額			差額（追加納税額）		
課税標準額	消費税額	地方消費税額	課税標準額	消費税額	地方消費税額
1,800,000	140,400	39,600	300,000	23,400	6,600
	140,400	39,600		23,400	6,600
	0	0		0	0
	0	0		0	0
	0	0		0	0
	0	0		0	0
	140,400	39,600		23,400	6,600

3章

消費税の更正の請求の実務

4．税務上の取扱いと仕訳例

　更正の請求に関する手続きが完了し、消費税の還付金が入金されると税理士が行う作業としては、一段落できます。

　なお、税関の税務調査に関連して納付した税金の税務上の取扱いと仕訳例については次の通りとなります。

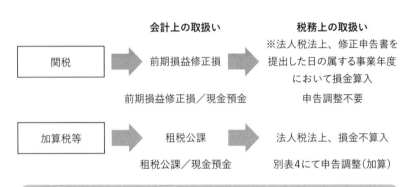

	会計上の取扱い	税務上の取扱い
関税	前期損益修正損	※法人税法上、修正申告書を提出した日の属する事業年度において損金算入
	前期損益修正損／現金預金	申告調整不要
加算税等	租税公課	法人税法上、損金不算入
	租税公課／現金預金	別表4にて申告調整（加算）

> 申告納税方式による租税について、損金の額に算入される時期は原則として納税申告書を提出した事業年度となります。
> なお、更正又は決定のあったものについては、その更正又は決定のあった事業年度となります。

■ 仕訳例

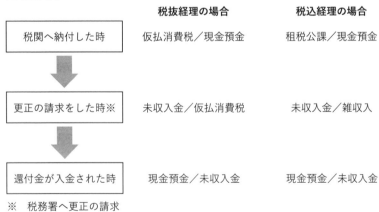

	税抜経理の場合	税込経理の場合
税関へ納付した時	仮払消費税／現金預金	租税公課／現金預金
更正の請求をした時※	未収入金／仮払消費税	未収入金／雑収入
還付金が入金された時	現金預金／未収入金	現金預金／未収入金

※　税務署へ更正の請求をする税額と税関へ修正申告した税額との間に生じた端数については、雑収入又は雑損失で処理

5．税理士が注意すべき事項

　ここまで更正の請求の手続きについて確認を行ってきましたが、税理士が間違いやすい事項として、更正の請求時期の判断ミスが挙げられます。

　図解のように税関へ追徴課税となった消費税等の税額を納付した進行中の事業年度で、まとめて仕入税額控除を行い、税務署から更正の請求を行うように後日指摘を受けたケースや更正の請求期限に余裕があるからと誤認し、手続きするのをつい後回しにしていたケースが実務上散見されています。

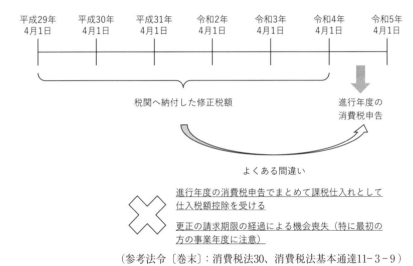

（参考法令〔巻末〕：消費税法30、消費税法基本通達11－3－9）

　特に、提出後に税務署から指摘を受けて、気付いた時には更正の請求期限が経過していて機会を喪失してしまうという事態は何としても回避しなければなりません。

　また、クライアント側でも税関とのやりとりは通関業者に依頼済で修正申告と納税も完了しているので、顧問税理士とは関係のない案件

という認識を持たれている方も少なからずいるようです。関与度合い
にもよりますが、決算手続きの際に事後調査について結果報告を受け
たりすると事業年度によっては更正の請求期限が目前に迫っており、
通常の決算業務と並行して対応に追われることとなります。

　いずれの理由にせよ気付いた時には、更正の請求期限の直前という
ヒヤリハットは可能な限り回避したいものですし、前述したように事
案によっては、更正の請求の機会を逃してしまいクライアントから損
害賠償請求を行われる可能性もありますので、細心の注意を払うよう
にしましょう。

　そして、輸入取引を行うクライアントについては、事後調査が行わ
れる可能性があることと、その救済措置として更正の請求による消費
税還付という手続きがあることを日頃から周知しておくことがトラブ
ルやミスの防止に有効といえます。

■ 参考法令・通達

消費税法第30条（仕入税額控除）

　事業者（免税事業者を除く。）が、国内において行う課税仕入れ（特定課税
仕入れに該当するものを除く。）若しくは特定課税仕入れ又は保税地域から引
き取る課税貨物については、次の一から三の各号に掲げる場合の区分に応じ当
該各号に定める日の属する課税期間の課税標準額に対する消費税額から、当該
課税期間中に国内において行った課税仕入れに係る消費税額、当該課税期間中
に国内において行った特定課税仕入れに係る消費税額（当該特定課税仕入れに
係る支払対価の額に100分の7.8を乗じて算出した金額をいう。）及び当該課税
期間における保税地域からの引取りに係る課税貨物（他の法律又は条約の規定
により消費税が免除されるものを除く。）につき課された又は課されるべき消
費税額（附帯税の額に相当する額を除く）の合計額を控除する。

一　国内において課税仕入れを行った場合…当該課税仕入れを行った日

二　国内において特定課税仕入れを行った場合…当該特定課税仕入れを行った
　　日

三　保税地域から引き取る課税貨物につき引取り申告書を提出した場合…当該
　　申告に係る課税貨物を引き取った日

　※　保税地域から引き取る課税貨物につき特例申告書を提出した場合…当該
　　　特例申告書を提出した日

消費税法基本通達11-3-9（課税貨物を引き取った日の意義）

　仕入れに係る消費税額の控除に規定する「課税貨物を引き取った日」とは、
関税法第67条《輸出又は輸入の許可》に規定する輸入の許可を受けた日をいう。

　なお、保税地域から引き取る課税貨物につき特例申告書を提出した場合には、
当該特例申告書を提出した日の属する課税期間において仕入れに係る消費税額
の控除の規定が適用される。

監修者略歴

八ッ尾　順一（やつお　じゅんいち）

昭和26年生まれ

京都大学大学院法学研究科（修士課程）修了

現　　在：大阪学院大学法学部教授・公認会計士・税理士

論　　文：「制度会計における税務会計の位置とその影響」で第9回日税
　　　　　研究奨励賞（昭和61年）受賞

その他：平成9〜11年度税理士試験委員
　　　　　平成19〜21年度公認会計士試験委員（「租税法」担当）

著者略歴

杉澤　雄一（すぎさわ　ゆういち）

昭和60年生まれ

近畿大学大学院法学研究科（修士課程）修了　八ッ尾順一ゼミ所属

現在：杉澤会計事務所　所属税理士

論文：「相続税の連帯納付義務に関する一考察〜確定手続きの要否を中
　　　　心として〜」

「税関の税務調査」と消費税の更正の請求

2024年4月15日　発行

監修者　八ッ尾　順一

著　者　杉澤　雄一 ©

発行者　小泉　定裕

発行所　株式会社 清文社

東京都文京区小石川1丁目3－25（小石川大国ビル）
〒112-0002　電話 03(4332)1375　FAX 03(4332)1376
大阪市北区天神橋2丁目北2－6（大和南森町ビル）
〒530-0041　電話 06(6135)4050　FAX 06(6135)4059
URL https://www.skattsei.co.jp/

印刷：亜細亜印刷㈱

ISBN978-4-433-72004-9